중국역사와 영화의 만남

중국역사와 영화의 만남

윤미영 著

 한국학술정보[주]

걸림없이 살 줄 알라

유리하다고 교만하지 말고
불리하다고 비굴하지 말라.
무엇을 들었다고 쉽게 행동하지 말고
그것이 사실인지 깊이 생각하여
이치가 명확할 때 과감히 행동하라.
벙어리처럼 침묵하고 임금처럼 말하며,
눈처럼 냉정하고 불처럼 뜨거워라.
태산 같은 자부심을 갖고
누운 풀처럼 자기를 낮추어라.
역경을 참아 이겨내고,
형편이 잘 풀릴 때를 조심하라.
재물을 오물처럼 볼 줄도 알고,
터지는 분노를 잘 다스려라.
때로는 마음껏 풍류를 즐기고,
사슴처럼 두려워 할 줄 알고,
호랑이처럼 무섭고 사나워라.
이것이 지혜로운 이의 삶이니라.
행복도 내가 짓는 것이요,
불행도 내가 짓는 것이네.
진실로 그 행복과 불행은
다른 사람이 지은 것 아니네.

일러두기

1. 외래어 고유명사, 즉 인명 및 지명은 모두 중국어에 익숙하지 못한 독자의 혼동을 피할 수 있도록 얼마 전까지 사용하던 방법으로 표기했다. 단 중국의 중요 인물이나 영화감독 및 역사적 중요 사건일 경우 중국·홍콩·타이완 구분 없이 모두 베이징(北京) 표준어 발음의 한글외래어 표기법을 따랐다. 예를 들면 모택동(毛澤東: 마오쩌둥)과 같다.

2. 국내에서 출시된 영화는 독자의 혼동을 피할 수 있도록 비디오 출시명을 그대로 사용했다. 그러나 영화제목이 처음 나올 때는 반드시 원제목을 병기했다. 예를 들면 「서초패왕(西楚霸王)」과 같다.

책을 펴내면서

대학이 몸살을 앓고 있다. 대학마다 국내외 경쟁력을 내세우면서 개편이 이루어지고 있는 반면, 학생들은 개개인의 경쟁력을 앞세워 실용적인 전공에 몰리고 있다. 이런 와중에서 가장 심각한 상태에 놓인 분야가 인문학과 자연과학, 그리고 사회과학의 일부 분야와 같은 '순수학문'이며, 이중 인문학의 위기가 제일 심각하다는 데 이견이 없다.

최근 지식기반 산업의 부상을 필두로 한 지식노동은 한 분야에 대한 전문성보다는 분야와 분야를 넘나들면서 두 가지 이상의 다른 지식을 섞을 수 있는 유연한 사고를 필요로 하기 때문이다. 이런 변화에 대응하기 위해 대학은 90년대 중반 이후 '학부제'를 도입했는데, 통합학문을 만들지 못한 채 학부제를 도입한 것은 학생에게 학과와 전공을 선택할 자유만을 부여해서 가뜩이나 인기가 없던 철학·역사와 같은 인문학 분야를 '고사' 상태로 만든 결과를 낳았다.

우선 정통 인문학 강좌는 이제 마지막 보루라 할 대학에서조차 학부제 바람에 밀려 거의 고사 위기를 맞고 있다. 학생들은 취업 관련 강의나 토플 등 '당장 써먹을 수 있는' 강좌나 취직에 도움이 되는 것에 몰려들고 있고 인문학 관련 강좌는 속속 폐강을 맞고 있다. 인문학은 지금 저 밑바닥에서부터 도전을 받고 있다. 그러나 이 도전을 그냥 지나칠 수 없다. 인문학은 인간에 대한, 인간을 위한 학문이기에 이의 위기는 곧 인간의 위기를 말하기 때문이다. 이 시점에서 인문학의 위기가 어디서 기인하고 그 대안은 무엇인가에 대해 고찰하고 반성을 하지 않으면 안 될 것이다.

한국 인문학의 위기가 국가나 사회의 책임뿐인가? 아니다. 인문학 강좌가 폐강되는 일이 학부제라는 교육제도와 학생들에게만 있는 것이 아니라 인문학을 현학적으로, 현실과 동떨어지게 가르친 해당 교수에게도 있는 것처럼, 한국 인문학의 위기는 지식인에게도 책임이 있다.

인문학 교육은 그저 텍스트(Text)의 내용을 주입하거나 고전(古典)을 '성현의 말씀'과 같은 식으로 절대화하는 교육은, 학생들을 정보혁명 시기의 비판적인 시민으로 교육하는 데 적합하지 않다. 사실보다 해석을, 암기보다는 비판적인 질문을 던질 수 있는 능력을, 지식 그 자체보다는 필요한 지식을 찾고 이용할 줄 아는 역량을, 텍스트의 요약보다는 그 속에서 남들이 보지 못하는 무엇을 찾아내는 안목을 키워주어야 한다.

다음 세대에 역사 분야의 주요 계층은 교수·연구자·역사를 전공하는 대학생이 아니라 초등·중등 학생과 일반인이다. 그런데 이들 주요 수요자들은 역사적 지식이 많지 않기 때문에 이들의 관심을 역사로 끌어들이기 위해서는 이들이 흥미를 느낄 만한 자료를 명료하게 조직해서 편리하게 이용할 수 있도록 해야 한다.

지식정보화는 역사학의 위기이며 기회다. 일반인의 역사 지식에 대한 잠재 수요는 의외로 많이 있다. 이 수요를 역사 연구자들이 네트워크를 통해서 제공할 수 없으면 역사학의 위기는 몰락으로 이어질 수 있다. 반면에 역사 연구자들이 수요자의 욕구를 인터넷을 통해서 충족시킬 때 역사학은 지금보다 오히려 더 활력을 찾을 수도 있다.

역사 관련 자료를 지식정보화 체계에 적응시킬 때 거의 확실하게 나타날 현상 중의 하나는 과거에는 비교적 고립된 분야였던 '역사'가 단독으로 지식정보화 시대에는 성공하기 어렵다는 점이다. 그러므로 역사 연구자들이 다른 분야의 학자들과 협력하여 역사 관련 종합 사이트를 만들어서 일반인의 욕구를 충족시키는 것이다.

영화는 대중적 영향력이 막대한 현대 예술이다. 극영화만이 아니라 다큐멘터리, 뉴스, 영화, 개인용 비디오카메라로 찍은 필름 등 넓은 의미의 영화를 포함하면 영화는 사회에 대해 발언하고 기록하고 증언하는 중요한 매체임에 틀림없다. 프랑스 영화계의 거장인 장 뤼크 고다르(Jean-Luc Godard : 1930 -)의 '영화는 현실을 반영하는 창'이라는 말에서 알 수 있듯 영화는 역사와 항상 마주보고 있다.

특히 오늘날의 영화는 그 광범위한 영향력과 사실적이고 생생한 시각효과로 말미암아 다른 예술장르에 비해 제반 문화들을 주도적으로 이끌고 있다는 사실을 감안하여 영화라는 미학수단을 이용하여 제시된 사실과 그 사실의 역사적·사회적 연관관계를 분석하고 종합하는 데 역점을 두었다.

중국에서는 항상 영화를 정치적이거나 이데올로기적으로 이용해 왔다. 영화 제작자가 예술적인 독립영화나 고유한 세계관이 담긴 영화를 만든 경우는 매우 드물었다.

중국 영화는 역사의 산물인 동시에 역사를 만들어 가는 능동적 주체임을 스스로 보여주고 있다. 중국 영화제작의 기반은 영화에서 표현된 사회상과 실제역사 그리고 실제역사 안에서 이루어진 현재라는 삼자 사이의 연관관계에서 나온다.

그래서 본고에서는 21세기 지배적인 문화현상으로서의 영화는 역사서술의 대상이면서 또한 문자를 통한 역사서술과 차원을 달리하는 새로운 역사서술 방법이 될 수 있지 않을까 생각한다. 덧붙여 중국에서 일어났던 광범위한 경제적·사회적·정치적 변화들만이 중국 인민들의 삶을 확고하게 변모시키는 것을 가능케 했다는 관점을 분명히 하고, 이에 따라 국내에 영화나 비디오로 출간된 중국영화를 통해서 『중국역사와 영화의 만남』이란 제목으로 중국역사에 대한 연구를 하고자 한다.

본 연구에서는 문화 중에서 여러 사람이 공유하는 대중문화를 역사학 속으로 끌어들여 인문학이 가지는 현실적 유용성과 아울러 대중문화가 가지는 인문성을 동시에 검토하기 위해 살펴보고자 한다. 연구의 주목적은 영화사 그 자체보다는 영화 속에 나타난 역사상을 이해해보자는 데 있다.

따라서 본 연구에서는 역사성이 짙은 영화들을 선정하여 그것이 역사적 사실을 잘 반영하고 있는지를 검토하고 아울러 그 영화가 갖는 시대적 의미도 생각해 볼 것이다. 이렇게 한다면 본고에서 세웠던 목표인 역사학의 현실적 유용성과 영화가 가지는 역사성을 제대로 이해할 수 있게 될 것이다.

부산 함지골에서
윤 미 영

차   례

제1장. 「진송」 : 황제지배체제의 성립

I. 「진송」

제 목 : 「秦頌」(The Emperor's Shadow)
감 독 : 저우샤오원(周曉文)
주인공 : 장원(姜文), 거요우(葛優), 쉬칭(許晴)
제작연도 : 1996년

1. 감독 저우샤오원(周曉文)에 대하여

국제적으로 알려진 중국의 아방가르드 감독들 외에도 몇몇 언급할 만한 감독들이 있다. 이들 중 가장 먼저 꼽을 만한 사람은 대중의 인기를 많이 받고 있는 저우샤오원(1954~)이다. 그는 서너 편의 카메라 습작과 검열 때문에 좌절된 작품을 제작한 후, 1991년 「후회없는 청춘(靑春無悔)」으로 상업적 성공(예술적 성공은 아니었다)을 거두었다.

이후 그는 오락영화 몇 편을 제작하고, 「흑산으로 가는 길(黑山路), 1993」을 연출하여 감독으로서 입지를 굳혔다. 그러나 예술적인 면에서 그의 최고 걸작은 한 젊은 여인의 감동적인 이야기

「얼모(二嬤), 1994」이다.

1996년 봄, 저우샤오원은 중국 영화사상 제작비가 가장 많이 투입된 「진송」을 완성했다. 이 영화는 다채롭게 연출된 사극으로 진의 시황제와 그의 친구 고건립(高漸離) 사이의 애증을 그리고 있다.

이 작품에서 그는 영화적 형상화를 제외하고는 어떤 예술성이나 정치성도 보여주지 못했다. 저우샤오원은 오락영화에 전력하고 있으며 중국 감독들 가운데 최초로 오락 장르를 국제적 수준으로 끌어올린 감독이다.

2. 영화 줄거리

이 영화는 진시황제의 일대기를 다룬 것이다. 다른 영화와는 다르게 진시황의 내면 모습을 볼 수 있다. 「진송」은 민심을 통일하려는 의미의 노래로 악사와의 관계에서 파생된 이야기이다.

영화의 첫 장면은 진시황이 황하강에 악기를 제물로 바치는 것으로부터 시작한다. 진시황의 이름은 영정으로 고건립이라는 아이와 함께 건립의 어미 모유를 먹으며 자랐다. 영정은 군사들에게 포로로 잡혀 죽음에 이른다. 죽음의 공포 속에서 영정은 건립이 들려주는 노래에 마음의 안정을 얻고 구사일생(九死一生)으로 살아난다. 죽을 고비를 넘긴 영정은 진나라 아군의 도움으로 영정은 왕궁으로 들어가고, 건립은 그곳에 버려진다. 고건립은 연나라에서 악기를 다루는 악사로, 영정은 진의 원자로 커간다.

그렇게 세월은 흘러 영정은 진나라의 왕이 되고, 고건립은 연나라에서 이름난 악사가 된다. 다섯 나라를 통일하고 난 영정은 남은 나라 중 먼저 연나라를 정벌하려고 한다. 왜냐하면 건립을 얻기 위해서였다.

무력으로 쳐들어온 진나라 장수는 연나라의 모든 것을 파괴하고 연의 백성을 죽여 버린다. 남은 인질과 건립은 포로로 잡혀 이마에 인장을 찍히게 된다. 강직한 건립은 영정을 만났지만 동포를 죽인 원한에 그를 받아들이지 않는다. 한편 영정은 건립을 만났다는 기쁨에 온갖 부귀와 영화를 보장해 주지만 마음을 굳게 닫아 버린 건립은 식음을 전폐하고 죽기만을 바란다.

진송의 작곡을 바라는 영정의 부탁을 거절한 건립은 영정의 딸, 즉 다리를 쓰지 못하는 불구자인 월양 공주가 건립을 설득하려 하나 실패한다. 여러 가지 방법을 강구하던 중 어릴 때 죽음의 공포에서 마음의 안정을 주었던 곡을 연주하자 여기에 건립은 마음이 풀린다.

건립은 월양 공주를 사모하게 되고, 개인교습 첫 날 죽음을 무릅쓰고 사랑의 감정을 표현한다. 관계를 가진 월양 공주는 기적적으로 걷게 되지만 영정의 화를 불러일으켜 죽음의 직전까지 이른다. 월양 공주에게는 이미 정혼한 사람이 있었다.

전국을 통일하고 있지만 백성의 내면적 마음까지는 통일하지 못했다. 하지만 진송만은 민심을 잡을 수 있을 거라고 굳게 믿고, 건립에게 간절한 부탁을 한다. 건립은 거절하고 월양과의 관계도 끝이 나고 건립은 연의 포로들과 함께 노동을 강요당한다. 건립을 잊지 못한 월양은 그를 다시 찾고 사랑을 하게 된다.

계속 정벌을 나갔던 군대의 승전보를 들으며 진시황제는 통일을 재차 다짐한다. 한편 황하강 건설 도중에 "영정이 죽으면 나라가 분열된다"는 글의 비석이 발견되었다. 여기에서 화가 난 영정은 범임을 찾기 위해 황하강이 붉은 피로 변할 만큼 살해하지만 범인을 찾을 수가 없다. 수많은 연나라 동포의 죽음을 보며 건립은 자신이 범인이라며 사형집행을 중지할 것을 요구한다. 영정은 건립에게 궁중 대악사로 임명하여 진송을 만들고 월양과의 관계도 끊어버리라고 요구한다.

고건립은 진송을 만들기 위해 최선을 다하면서 월양을 만날 거라고 확신한다. 그러나 만리장성에서 문제의 비석이 또 다시 발견되어 수많은 노예의 죽음이 이어지자 건립은 낙담을 한다. 드디어 영정이 전국을 통일하고 입궐하게 되는데 그를 위해 준비하는 사람들 속에서 월양은 건립을 만나고 그들의 사랑은 다시 시작된다.

그들의 사랑 소식을 전해들은 영정은 눈을 멀게 하는 벌을 내려 건립은 장님이 된다. 월양은 혼인하려고 궁궐을 떠날 때 건립은 그녀의 이마에도 노예 인장이 새겨짐을 알게 된다.

세월이 흘러 월양은 남편의 손에 무참한 죽음을 당하고 그녀의 신체 중의 일부인 손을 건립에게 전한다. 드디어 통일제국의 대관식이 시작되고 영정이 황제가 되었을 때 진송을 듣고 싶어서 건립을 부르지만 건립은 악기를 부수고 죽기를 각오하면서 이미 먹은 비약의 기운이 감돌아서 고통스러워한다. 건립은 죽기 전 영정에게 처음이자 마지막으로 '형'이라고 하며 영정에 의해 죽음을 맞이한다. 사랑하는 딸 월양과 친구를 잃어버린 진시황은 마침내 일생동안 울지 않았던 눈물을 보이며 막을 내린다.

3. 영화 내용 분석

영화의 각본을 맡은 루웨이(盧葦)는 "이 영화에서 가장 중요하게 다룬 것은 인물, 즉 삶의 표본(標本) 및 인간 개성을 드러내는 것이었다. 역사는 영화의 배경으로만 취했고, 주된 관점은 인물 특유의 도덕적 특성과 그것들의 관계를 드러내는 것이었다. 나는 항상 역사적 인물의 개인적 특성에 관심을 가져왔고, 역사가 교체되는 시기에 중요한 역할을 했던 개인이나 집단에 대해 많은 관심을 가져왔다."고 밝혔다.

국제영화계에 알려진 저우샤오원 감독은 무서운 기세로 흘러가는 황하강의 장관과 황토 바람이 날리는 벌판을 달리는 어마어마한 군사 행렬에서 진시황의 장엄한 등극 절차까지, 영화는 황·적·청의 색감을 능숙하게 조정하며, 격변의 시대와 인물을 크게 담아낸다. 엄밀한 시대 재현을 위해 음악·세트·의상·소품·조명에 엄청난 공을 들인 대작이다. 홍콩 반환을 앞둔 중국의 자존심 회복을 위한 영화지만 빼어난 작품성으로 미국 아카데미 최우수 외국어영화상 후보에 올랐고, 미국 골든 글로브 평론가상 등을 수상했다.

II. 황제(皇帝)지배체제의 성립

1. 진시황(秦始皇 : 기원전 259-210)

진시황제는 최초로 중국을 통일하는 과업을 이루었다는 점에서 중국 역사상 독보적인 존재로 평가받는 인물이다. 그러나 통일제국에 대한 지나친 집착으로 인해 폭군으로 부각되는 상반된 평가를 받고 있기도 하다.

중국이 전국 7웅에 의해 분열되어 서로 각축을 벌일 때인 기원전 295년에 태어난 그는 불과 13세의 어린 나이에 진왕에 즉위했으나 친정(親政)에 들어가 본격적인 영토확장 작업에 착수한 것은 23세 때였다. 놀랍게도 그의 통일사업은 기원전 230년부터 221년까지라는 아주 짧은 기간에 이루어졌다. 기원전 8세기부터 분열된 중국이 하나의 통치체제 밑에서 역사를 전개하기 시작했던 것이다.

통일 대업을 달성한 그는 중앙집권적 전제정치체제를 수립하기 위해 모든 노력을 기울였다. 우선 황제라는 존호를 최초로 제정하고 2세나 3세는 물론 만세(萬世)까지 계속되기를 바라는 마음에서 스스로 시황제(始皇帝)라고 칭했다.

또한 전국을 하나의 통치체제로 편입시키기 위해 군현(郡縣)제도를 실시했다. 황제를 정점으로 피라미드식 권력구조를 이룬 군현제도는 서주(西周)시대의 봉건체제를 대신하게 되었다. 이후 중국은 2천년 이상 군현제를 운영하기에 이르렀다.

진시황제부터 시작된 무리한 토목공사도 진의 단명을 설명하는

데 있어 빼놓을 수 없다. 지금도 인공위성에서 육안으로 관찰할 수 있는 유일한 인공구조물이라는 12,700리의 만리장성, 사치의 상징으로 거명되는 아방궁(阿房宮), 무수한 호화유적을 남긴 진시황제 무덤, 이 밖에도 수많은 건축물들이 조성되었다. 당연히 이를 위해 과다한 세금을 징수하게 됨으로써 통일된 후에는 세금 부담이 무려 20배로 늘었다고 백성들이 불평할 정도였다.

한편 국토나 도량형, 문자 따위의 통일뿐만 아니라 사상의 통일까지 이루려고 했던 진은 결국 '통일작업'의 무리한 추진으로 말미암아 스스로 단명을 초래했다. 분서갱유(焚書坑儒)야말로 사상통제가 낳은 불행한 사건이었다. 460여 명의 선비를 생체로 매장하여 반대 목소리를 낼 수 있는 지식인들을 단숨에 제거했다. 또한 진나라 외에 다른 나라의 역사를 다룬 역사서는 물론 농업 등 실용적인 목적을 지닌 책을 제외하고 거의 모든 책을 불사르는 문명파괴 행위도 서슴지 않았다. 이러한 행위는 지식분자, 특히 유학을 신봉하는 선비들의 강한 반발을 불러일으키는 직접적 원인이 되었다.

분서갱유는 중국은 물론 동양문화 전체에 너무나도 깊은 상처를 남겼다. 무엇보다 국가권력에 의해 사상과 학문의 자유가 억압되는 최초의 선례가 되었던 셈이다. 이로 말미암아 동양인은 전통적으로 획일적인 사고에 길들여졌으며 2천년이 지난 오늘날에도 중국인은 물론 동양인 전체가 다원화 사회를 실현시키기 위해 진통을 겪고 있다.

그의 불로장생에 대한 집착은 많이 알려져 있다. 그는 자신의 목숨이 영원하기를 원하듯, 통일제국이 영구히 존속하도록 온갖 노력을 경주하였다. 그러나 이러한 그의 집념은 뜻대로 이루어지지 못했다. 그가 50세의 나이로 사망한 후 얼마 안 되어 진제국의 운명도 그의 뜻대로 이루어지지 못한 채 끝나고 말았다.

이렇게 중앙집권적인 통일제국은 탄생했지만 아직도 봉건제가 여전히 큰 영향력을 발휘하고 있었다. 춘추전국시대의 오랜 세월을 거쳐 중국은 봉건적인 정치질서에서 중앙집권적인 체제로 전환해왔다. 또한 통일 후 진은 전국시대에 서로 자웅을 겨루던 나머지 6국의 지배층 1만 호를 강제로 수도 함양(咸陽)으로 이주시킴으로써 제국이 분열되는 것을 방지하고자 노력했다. 그럼에도 불구하고 봉건제는 완전히 소멸되지 않았다.

결국 중국 최초의 통일제국 진은 농민봉기에 의해 어이없이 붕괴되고 말았다. 이때의 농민운동은 진승(陳勝)과 오광(吳廣)이라는 두 빈농에 의해 이끌어졌으며, 이들의 행동은 결국 농민운동과 왕조교체의 순환적 반복이라는 중국사의 독특한 발전패턴을 형성시키는 최초의 선례를 남겼다.

진승과 오광의 난은 실패했지만 이들은 진의 멸망에 결정적인 타격을 안겨주었다. 이들이 반란을 일으킨 틈을 이용하여 전국 각지의 귀족세력, 통일 전에 진나라와 겨루던 나머지 6국의 후예들이 진에 반기를 들었던 것이다. 특히 항우와 유방 두 인물이 등장하여 패권을 겨루다가 결국 기원전 206년 진이 붕괴되고 한(漢)나라가 탄생했다. 진의 멸망과 한의 계승은 진승과 오광에 의해 그 계기가 마련되었던 셈이다.

2. 시황제의 출생의 비밀과 성격분석

(1) 출생의 비밀

기원전 221년 진왕 영정(嬴政)은 춘추전국의 분열국가 시대에 종지부를 찍고 중국 전역을 통일, 중국 역사상 최초의 대제국 진제국을 세웠다. 13세의 약관의 나이에 부친 장양왕의 뒤를 이어 진나라 왕위에 오른 지 26년 만에 중국 천하를 통일한 것이다.

진왕 정(政)의 출생에는 의문이 남아있는데 장양왕의 친자가 아니라 후원자 여불위(呂不韋)의 아들일 가능성이 크다는 점이다. 대상인이었던 여불위는 상품의 가치를 찾아내는 데 귀신같은 감각을 가진 인물이었다. 그런 여불위의 촉수에 조나라 인질로 보내진 진나라 서출 자초(장양왕)가 걸려들었던 것이다. 그리하여 여불위는 교묘한 정치 공작을 펼쳐 자초를 진나라 왕위에 오르게 하는 데 성공했다. 이렇듯 진왕 정은 여불위와 끊을 수 없는 관계 속에서 탄생한 것이다.

왕위에 오르기 전 자초는 여불위의 저택에서 열린 연회에서 마주친 미녀(주희)에게 반해 여불위에게 간청하여 자신이 맞아들였다. 이 미녀는 여불위의 애인으로 그의 아들을 임신하고 있었는데 미녀는 그 사실을 숨기고 사내아이를 낳는다. 이 아이가 바로 진왕 정이다.

자초 장양왕은 진나라 왕위에 오르지만 즉위한 지 불과 3년 만에 죽고 13세의 진왕 정이 뒤를 이었다. 그러나 나이가 어린 탓에 실권은 모두 배후 실력자인 여불위가 장악하였다. 게다가 여불위는 태후에 올라선 진왕 정의 모친과 다시 관계를 갖기 시작하였다. 그러다가 진왕 정이 성장함에 따라 추문이 이어질 것이 뻔한 태후와의 관계가 자신을 파멸로 이끌 것을 두려워하며 음탕한 태후에게 '노애'라는 사내를 소개하고 관계를 끊어버렸다. 그리고 노애와의 사이에 2명의 아들까지 낳았다.

태후의 이 같은 애정행각은 오래가지 못하고 진왕 정에게 발각되었다. 22세의 청년 군주 진왕 정은 과감하게 이 사건을 처리한다. 여불위는 관직을 박탈당한다. 그러나 실각 후에도 은연중에 세력을 유지하였고 이에 화가 난 진왕 정은 여불위를 사천성으로 유형을 보낸다. 유형통고를 받은 여불위는 이것이 마지막임을 알고 독을 마시고 자살한다.

이와 같이 진왕 정은 질척질척한 피의 고리를 단절하고 부친살해를 단행함으로써 자립할 수 있었다. 이 사건을 전환점으로 진왕 정은 권력 제패에 대한 불타는 의지로 천하통일의 발걸음을 착실하게 밟아 나갔다. 목표는 오로지 권력뿐.

(2) 시황제는 일중독자

시황제는 모든 안건에 대하여 직접 결제하였다. 시황제는 지칠 줄 모르고 각 건물마다 긴 통로로 연결된 광대한 궁전을 옮겨 다니면서도 공문서에 눈을 떼지 않았다. 거의 일 중독자에 가까운 일처리의 면모를 보여준 것이다.

시황제는 장대한 아방궁과 여산릉(驪山陵)을 짓기는 했지만 거기에서 풍요로운 생활을 즐기기보다는 그러한 거대 건축의 설계 계획을 세우고 건조하는 일 자체가 목적이자 쾌락이었던 것으로 보인다. 즉 시황제는 욕망이 성취되는 과정만을 즐긴 것이다.

사서에서도 시황제가 음식물, 음악, 여성 등 현세적인 쾌락에 흥미를 보였던 기록은 전혀 나타나 있지 않다. 물론 후궁에는 전국에서 불러 모은 수천 명의 미녀가 있었지만 특정한 미녀를 총애했다는 기록은 없다.[1]

결국 시황제는 골수에서부터 냉철한 합리주의자였던 만큼 현세적인 쾌락에 빠지는 것을 스스로 허용하지 않았던 것이다. 그의 각성된 합리주의가 일찍이 역사에서 유례를 찾아볼 수 없는 대제국을 만들어낸 원동력이 된 셈이다.

이리하여 극단적인 합리성과 동시에 극단적인 비합리성이 기묘한 형태로 어우러져 아주 꼼꼼하게 정무에 힘쓰는 반면 거대한 건축을 세우거나 선약 찾기에 막대한 재정을 쏟아 부어 부질없는 낭비를 거듭하는 양극단을 오고가는 불균형이 생긴 것이다.

3. 법가(法家)사상의 수용

진왕 정의 가장 뛰어난 참모는 이사(李斯)였다. 이사는 인간의 본성은 악하다고 하는 '성악설'을 주장한 순자(荀子)의 문하생이었다. 그는 초나라 출신이지만 입신출세를 위해서는 초대국인 진나라에서 일하는 것이 유리하다고 판단하고, 야심만만하게 진나라로 건너갔다.

이사는 처음에는 여불위의 식객으로 있다가 그의 추천으로 진왕 정의 시중을 들면서 급속도로 두각을 드러내 진왕 정의 천하통일 계획을 추진하게 되었다.

---

1) 이나미 리츠코 지음, 이은숙 옮김, 『사치향락의 중국사』(서울 : 차림, 1997).

4. 먼지가 되어버린 진시황제의 꿈

끊임없이 영원한 삶을 찾아 헤매던 시황제는 그런 소망에도 불구하고 기원전 210년 천하순유 도중 중태에 빠져 그대로 죽고 말았다. 그때 나이 50세로 황제가 되고 나서 11년째의 일이다. 시황제가 죽자 호해(胡亥) 황제가 뒤를 이어 등극했는데 일체의 비판을 봉쇄한 독재권력은 반드시 안에서 썩어들어 간다는 철칙대로 진제국은 내부에서부터 급속도로 허물어지기 시작했다. 이와 동시에 각지에서 반란이 일어나 또 다시 중국 전역에 혼란상태가 전개되고 이 전란의 한가운데서 마침내 항우와 유방이라는 두 사람의 영웅이 나타난다.

황제 호해는 유방의 군대가 함양에 당도하자 항복해버렸고 진제국은 시황제 사후 불과 3년도 못가서 멸망해버린다. 아방궁 등의 모든 궁전은 불에 탔는데 그때 궁실을 태운 불이 3개월간이나 꺼지지 않았다고 한다. 이렇게 시황제의 꿈은 흔적도 없이 사라진 것이다.

제2장. 「서초패왕」
: 한나라의 유교 국교화

I. 「서초패왕」

제　목 : 「西楚覇王」(The Great Conqueror's Concubine)
감　독 : 나탁요(Clara Law), 세기연(洗杞然)
주　연 : 여량위(呂良偉), 공리(鞏俐), 관지림(關之琳)
제작연도 : 1994년

1. 인물 성격

이 영화는 4명의 주인공을 중심으로 엮어가는 역사적인 영화이다. 여기에는 남자들의 야심, 전쟁 그리고 사랑이 있다.

*항우(項羽) : 아내 우희를 끔찍이 사랑한 영웅호걸이나 사사로운 정에 약한 인물.

*우희 : 아름다운 여성으로 온순·연약하며 후에는 항우의 짐이 된다고 하여 자결을 한다.

*유방(劉邦) : 미천한 출신으로 아내 여치의 계략으로 후에는 황제가 된다.

*여치 : 야심과 결단력을 가진 남성다운 여성으로 남편 유방을
황제로 만드는 데 기여한다.

2. 영화 줄거리

포악한 정치를 하던 진시황이 죽은 후 차자(次子)인 호해가 장
자 부소를 죽이고 진2세에 등극하자 각지에서 진나라에 대항하는
군웅들의 반란이 일어난다. 항우는 초나라의 장군 집안 출신으로
진나라에 대항하기 위해 과거 진에게 망했던 초나라 왕손을 찾아
내 초회왕으로 등극시킨 후 그를 구심점으로 회계에서 반란을 일
으킨다. 한편 패현의 유방은 정장(亭長)으로서 죄수들을 동원해
여산릉을 건설하고 있던 중 진나라 장군을 죽이고 죄수들을 규합
한 후 함께 반란을 일으키지만 후에 군량과 무기의 부족으로 자
청해서 항우의 휘하로 들어간다.

항우는 자신의 숙부인 항량이 진나라 장수 왕리의 손에 죽자
범증을 참모로 삼는데 이때 초회왕으로부터 함양을 먼저 차지하
는 이에게 관중왕을 봉해주겠다는 조서를 받는다. 회왕의 조서를
받은 항우는 유방으로부터 먼저 함양에 들어가지 않겠다는 다짐
을 받은 후 거록에 침입한 진나라 장수 왕리를 죽여 숙부 항량의
원수를 갚고 승전의 여세를 몰아 기원전 209년 항우는 2만 명의
초나라 군대를 이끌고 극원을 쳐들어가 진나라 군대 20만 대군과
전투를 개시하였다. 그러나 진나라 군대는 오히려 초나라를 습격
하여 결국 우희는 유방 가족과 함께 피난을 간다. 이때 유방은 항
우를 도와 줄 어떠한 군사작전도 하지 않는데 수장이 되고 싶은

속셈이 있었다. 이 시기에 우희와 여치는 비녀를 바꾸면서 자매관계를 맺는다. 그런데 우희는 진나라의 볼모로 잡혀가게 되자 우희를 사랑하는 항우는 용기를 내어 진나라를 습격하여 우희를 구하고 진나라 백성들을 생매장하여 민심을 잃기 시작한다.

항우의 만행이 유방에게 전해지자 유방은 항우와의 약속을 어긴 채 함양으로 진격해 함양을 차지한 뒤 자영에게서 천자의 옥새까지 받고 백성들에게 선정을 베풀어 민심을 확보하지만 곧이어 항우의 위협을 받자 참모 장량은 유방에게 패상으로 철수한 다음 항우에게 관중에 먼저 들어가게 된 데 대해 사죄하고 진나라의 항복 문서를 바치도록 권유한다. 유방의 배신에 항우는 유방을 공격하려 하자 유방과 여치는 계략을 세우면서 일단 황제자리를 넘겨준다.

황후가 되고 싶어 하는 여치는 계략으로 우희가 진 황제에게 욕을 당했다는 거짓말을 하자 진나라 건물과 진의 신하 및 백성들을 죽여 버린다. 그리하여 항우는 민심을 잃어가면서 잿더미 위에 항우의 왕국을 건립한다.

유방에게서 함양을 인수받은 항우는 아방궁에 불을 지르고 제후들에게 사방의 땅을 나누어준 후 자신은 초나라의 팽성으로 금의환향한다. 한편 유방은 함양에 먼저 진입했으나 관중왕에 봉해지기는커녕 항우에게서 척박한 파촉 땅을 받고 가솔들을 항우에게 인질로 잡힌 채 파촉으로 떠난다. 항우의 친구이며 우희의 오빠인 우자기의 반대에 부딪쳐 우자기와 회왕의 군사들 사이엔 싸움이 벌어지고 그 와중에 회왕이 우자기의 실수로 시해된다. 회왕이 시해되자 범증은 항우에게 우자기 회왕 시해 죄를 물어 처형할 것을 종용하지만 항우는 그럴 수 없다고 버틴다. 그러다 우자기가 자결하자 항우는 오히려 자신이 회왕을 죽였다고 공포한다. 항우가 회왕을 죽였다는 소식을 들은 유방은 전국의 제후들을 규합해서 항우를 공격하게 해놓고 항우가 없는 사이 팽성을 차지하지만 다시 항우가 쳐들어와 유방은 후퇴하고 이로써 초나라와 한나라 사이에는 본격적인 패권 쟁탈전이 시작된다. 그 후 광무산에서 항우와 유방이 서로 대치했는데 유방의 전세가 불리하자 여치는 꾀를 내어 가짜 유방을 내세워 항복하는 척 하면서 유방을 빼돌린다. 황후가 되고 싶어 하는 여치는 계략을 세워서 혼자 항우에게 잡혀 죽음을 맞이할 위기에 당면하지만 다시 교활하게 꾀를 부려 항우로 하여금 유방과 화해한 후 휴전협정을 맺게끔 우희에게 권유를 하게 된다.

착한 우희는 항우에게 여치를 살려주고 초와 한이 평화롭게 지내자고 간곡하게 부탁을 하자 항우는 우희의 부탁을 들어준다. 이때 항우의 범증은 유방을 죽이고 여치도 죽이라고 하지만 항우는 거절한다. 이에 실망한 범증은 여치에게 "유방은 황제가 될 것이며 여치는 황후가 될 것이다. 우희는 패왕의 앞날을 망칠 여자다." 라고 예언하면서 궁을 떠난다.

결국 평화협정을 맺은 후 경계가 느슨해진 틈을 타서 유방은 기습공격을 한다. 그러나 여치의 철저한 잔머리로 초나라 군대는 흩어지게 되었다. 결국 마지막에는 항우와 28명의 부하는 수많은 한나라 군대와 맞서 싸우다가 항우는 자살을 한다. 그리하여 기원전 202년 유방은 한나라를 건국한다.

3. 영화 내용 분석 : 항우(項羽)와 유방(劉邦)의 인물탐구

항우와 유방은 중국문화에서 대조적인 인물전형으로 간주되어 왔다. 그러나 역사는 귀족적이며 기선을 제압했던 저돌적인 항우를 미천한 출신이자 후발주자였으며 타협적인 유방이 복속시키는 것으로 우열을 가려주었다.

항우는 기원전 232년 초(楚)나라 귀족의 후예로 태어났다. 농민운동으로 시작된 진 말기의 혼란기를 패권장악의 호기로 파악한 그는 숙부와 함께 기병했다. 그리고 스스로를 서초패왕(西楚覇王)이라 불렀다.

반면 기원전 256년 출생한 유방은 미천한 사회적 신분에서 출발했지만 당시의 명망 높던 여공(呂公)의 딸과 결혼하여 신분적 열세를 만회하고자 노력했다. 그가 진제국에 대항하여 기병했을 때, 그는 항우와 연합했지만 상대적인 병력열세 때문에 항우와는 거의 주종적인 관계를 맺었다. 항우의 40만 대군에 비해 고작 10만 명의 군사를 확보하는 데 그쳤던 유방은 항우에게 일단 천하패권을 양보했다. 그러나 여기서 두 사람 간의 대결은 끝나지 않았다.

항우의 무원칙적인 분봉과 영토배정은 함께 봉기했던 제후들의 불만을 샀다. 특히 척박한 지역을 분봉 받은 유방의 불만은 말할수 없이 컸다. 마침내 유방은 불만세력을 규합하여 항우에게 정면도전했다. 이 도전은 구 귀족을 대표하는 항우 집단과 신흥세력을 대표하는 유방 집단의 싸움으로 발전하여 이른바 한초(漢楚)쟁패가 펼쳐졌다. 약 5년간의 치열한 접전 끝에 기원전 202년 유방은 항우를 물리쳤으며, 이때 우희는 항우와 함께 도피 중 스스로 목숨을 끊었다.

유방이 세운 한제국은 중국을 다시 통일하고, 그 왕실은 4백년 이상 유지되었다. 유방의 궁극적 승리는 항우와는 달리 인재등용을 중시하고 백성에 대해 온건한 정책을 펼침으로써 가능했다. 그의 주변에는 장양(張良), 한신(韓信)등 명신양장(名臣良將)이 들끓었다. 반면 항우는 독단적이고 민심의 동향을 중시하지 않았기 때문에 초반의 승리를 끝까지 지키지 못했다.

II. 제자백가(諸子百家)와 유교(儒敎)의 국교화(國敎化)

1. 제자백가(諸子百家)의 사상

(1) 유가(儒家)사상

공자(孔子)가 구상했던 정치제도는 서주시대의 봉건제도였는데 여기에서 무력과 권력을 배제하고 도덕과 예치를 주입한 도덕정치를 주장하였다. 이에 따라 공자의 이상적인 정치제도는 도덕적 봉건계급사회를 전제로 이루어졌다.

이 도덕적 계급사회에서 귀천존비(貴賤尊卑)의 사회적 관계는

덕(德)의 우열과 고하에 따라 결정된다고 하였다. 그리고 이같이 형성된 도덕적 계급사회의 운용을 위해 공자는 인간의 의지와 감정을 자율적으로 규제 극복할 수 있는 예(禮)를 주장하였다. 그리고 예의 함양과 수련을 통해 형성된 도덕적 자제력과 극기력 그리고 자율적 실천력을 기반으로 한 예치를 주장하였다.

따라서 공자는 예에 대한 복종과 실천을 군주에서 말단의 백성에게까지 강요하였고 이 도덕적 자각과 자율적 실천이 이루어질 때에 천자는 유덕 관대해지고 제후는 백성을 사랑하며 백성은 심복 순화되어 마침내 이상적인 세계를 이룰 수 있다고 주장하였다.

(2) 도가(道家)사상

도가의 창시자는 노자(老子)로 알려져 있다. 실제로 노자는 당시의 혼란된 사회는 인지(人知)의 발달과 지나친 욕망에서 연유한 것으로 보았다. 따라서 무질서와 혼란을 제거하기 위해서는 무욕(無慾)으로 돌아가야 한다고 하였으며, 인지와 인위(人爲)의 소산이라고 할 수 있는 문물, 예술, 제도, 법률 등으로 구성된 사회와 문명을 근본적으로 부정하였다.

그러므로 노자가 제시한 이상국가는 '소국과민(小國寡民)'의 국가상이었다. 이 이상국가의 규모는 소부락이어야 하며 그 사회는 농기구, 수레, 배 등의 문명의 이기(利器)가 없고, 사람들은 상호 왕래가 없어야 한다고 하였다. 이와 같은 이상국가는 당시 과대한 욕망을 최대의 적으로 본 노자가 천지자연의 이치에 따라 무욕무위의 자연 속에서 우주만물의 근원인 '도(道)'에 돌아갈 것을 주장한 그의 사상의 반영이라고 할 수 있다.

장자(莊子)에 의하면 군주는 백성들이 그 덕성으로 살아가도록 방임하면 저절로 잘 다스려진다고 하였다. 따라서 군주의 통치는 '무통치(無統治)'가 최선의 통치라고 하였는데 이것은 장자의 정치 사상도 노자의 무위의 통치에 기반을 두었음을 알 수 있다.

(3) 법가(法家) 사상

법가사상은 백가 중에서 제일 늦게 출현한 사상이다. 그렇기 때문에 이 기존학파의 이상주의, 문치주의(文治主義)를 통렬히 배격하고 당시 주권국가 간의 대립 항쟁과 약육강식의 현실을 직시하고 경제와 무력 및 군주권 강화의 입장에서 구세론(救世論)을 제시하였다.

2. 한 초기 유교의 상황

* 도가사상 : 법가에 반대한 무위자연(無爲自然)을 강조
* 유학자 : 공자의 출신지인 산동성에 거주
* 유방의 고뇌 : 무뢰한으로서의 신하들
* 숙손통(叔孫通) : 처세술에 능한 유학자로 곡학아세(曲學阿世)라고 외면당함.
  "유학자라는 것은 새로운 사업을 시작할 때에는 완전히 도움이 되지 않지만, 일단 완성한 것을 지키는 데에는 적합합니다. 한번 저에게 조정 의식의 모범을 행하게 해 주십시오."
  → 유방은 유교의 이용 가치를 인정하고 채용

3. 유학의 국학 채택

한 무제(武帝)는 동중서(董仲舒)의 건의를 받아들여 유학을 국교로 채택하였다. 한 무제 당시의 사회상을 살펴보면 황노(黃老) 사상이 팽배하여 사회기풍은 무기력하였고 한편에서는 수공업과 상업의 발달에 의해 사치와 방종이 유행하기 시작하였다. 또 방대한 관료계층의 형성은 새로운 정치이념을 요구하였고 백성들을 교화하는 데 사회지도 이념으로서 새로운 사상이 필요하였다. 또한 통치의 정당성과 정통성을 이론적으로 변호하고 역설해 줄 새로운 이념과 사상이 필요했다.

이러한 점에서 볼 때에 삼강오륜에 의해 존비고하의 차등적 사회질서를 윤리적으로 강조하고, 군주를 정점으로 한 사회의 가부장적 질서를 옹호하고 충효를 역설하며 한의 통치자를 천명(天命)을 받은 군주로 부각시키는 유가사상이야말로 한 제국이 절실히 필요했던 사상과 이념이었다.

이에 따라 총명했던 한 무제는 당시 대유학자 동중서의 건의에 따라 유학을 국학으로 채택하였다. 또 유가의 경서인 시(詩), 서(書), 예(禮), 역(易), 춘추(春秋)를 연구하는 오경박사(五經博士)를 두고 또 태학(太學)을 설치하여 귀족의 자제들과 지방에서 추천 선발되어 올라온 인재들에게 충효사상을 포함한 유가의 경전을 교수하기 시작하였다. 그리고 한 황실에서는 유학의 의식과 관습을 소개하여 사용하기 시작하고 망실된 유학의 전적(典籍)을 수집 정리하기 시작하였다.

이와 같이 유학의 경전이 중앙과 지방에서 대대적으로 교수되고 관리임용의 시험과목으로 됨에 따라 유학의 윤리, 도덕 및 관습이 사회에 침투, 확산되기 시작하였다. 그리고 마침내 선제(宣帝) 이후에는 유가 출신의 관료들이 법가 출신 관료들을 대체하기 시작하였다.

그리하여 위로는 유학정치가 실시되고 아래로는 유학의 윤리, 도덕 가치관이 사회에 팽배하여 사회의 공덕, 즉 예의범절로 자리잡기 시작하였다. 여기에서 한에는 유학일존(儒學一尊)의 사상통일이 이루어지고 유학 이외의 모든 제자백가의 사상은 배척을 받게 되었다. 동시에 현재 동아시아 문화권의 한 특징을 이루고 있는 유교문화권의 기반이 이때에 이루어지기 시작하였다.

제3장. 「국두」
: 봉건종법제도 속박하의 중국여성

I. 「국두」

제 목 : 「菊豆」(Ju Dou)
감 독 : 장이머우(張藝謨)
주 연 : 궁리(鞏俐), 리바오톈(李保田), 리웨이(李緯)
제작연도 : 1990년
제작사 : 中國電影合作制片公司·中國電影輸出輸入公司聯合攝制

1. 감독 장이머우(張藝謨)에 대하여

국민당 장교의 아들로 태어난 장이머우(1951~) 감독은 어려서부터 공산주의 사회에서 차별을 받으며 자랐다. 문화대혁명(1966)이 시작되자 그는 고향 서안(西安)에서 합서(陝西)성의 한 농촌으로 하방(下放)되었으며 부모가 반혁명분자로 체포된 뒤에는 두 어린 동생을 부양하기 위해 1969년부터 1976년까지 섬유공장에서 일했다. 공장에 다닐 때 카메라와 가까워진 그는 1978년 베이징(北京)영화학교 촬영과에 들어갔다. 1982년 학교를 마친 뒤 남닝(南寧)의 광서(廣西)영화촬영소에 취직하고 「하나와 여덟(一個和八個), 1984」제작에 참여했다. 그는 인상적인 촬영기술을 선보임으로써 이 실험영화의 성공에 크게 기여했다. 1년 뒤 「황토지(黃土地), 1984」와 「대열병(大閱兵), 1986」에서 천카이거(陳凱歌) 감독과 공동 작업을 하면서 그는 새로운 영화언어에 눈을 떴다. 비록 「대열병」을 끝으로 이후 두 사람의 공동 작업은 더 이상 이루어지지 않았지만, 두 사람은 함께 서안영화촬영소에 배속되었다. 장이머우는 이곳에서 우톈밍(吳天明) 감독의 「오래된 우물(老井), 1987」의 주연을 맡아, 1987년 도쿄 국제영화제 남우주연상을 수상했다.

장이머우 감독은 세계적으로 유명한 중국 감독이다. 그는 중국적인 작품으로 세계적인 무대에서 그의 명성을 얻었을 뿐만 아니라 지금도 굳건히 자리매김하고 있으며, 국제영화제에 자주 초청되는 감독이기도 하다.

어느 민족이나 독특한 문화를 설명하는 대표색이 있다. 우리를 백의민족(白衣民族)이라고 부르는 것은 우리가 늘 흰색만 입었다는 뜻이 아니라 흰색이 우리 민족의 집단적 심성을 대표적으로 드러내 보여주기 때문이다. 그 속에는 존재와 우주를 보는 민족의 집단적 시각이 담겨 있다.

장이머우 감독의 영화는 그런 점에서 가장 중국적이다. 그의 데뷔작인 「붉은 수수밭(紅高粱), 1987」에서부터 「국두(菊豆), 1990」·「홍등(大紅燈籠高高挂), 1991」에 이르는 초기 작품은 강렬한 원시적 색감을 바탕으로 인간 본능의 거부할 수 없는 꿈틀거림을 드러냈다. 그러나 「귀주이야기(秋菊打官司), 1992」를 거치면서 「인생(活着), 1994」·「책상 서랍 속의 동화(一個都不能少), 1999」·「집으로 가는 길(我的父親母親), 1999」 같은 작품을 통해 그는 극사실주의 계열, 즉 일상적 사실성으로의 전환을 감행한다.

「영웅(Hero), 2002」에서 장이머우 감독은 다시 초기의 강렬한 색 감각을 회복하고 있다. 무조건적인 회귀는 아니다. 초기 세계를 지배했던 인간 본능에 대한 탐구대신 집단의 생존이라는 주제를 원초적 색 감각 속에 투영시킨다. 「영웅」은 세계 영화사상 유례를 찾기 힘든 색채의 향연이다. 그리고 그 색은 각각의 형태를 갖고 있다. 색채와 형태는 작품의 주제와 유기적으로 연결되면서 등장인물의 내면을 효과적으로 드러낸다.2)

먼저 장이머우 감독의 작품제작 배경에 대해서 알아보자. 그는 5세대 감독으로 잘 알려져 있다. 그렇다면 5세대 감독은 무엇일까? 쉽게 말하면 베이징영화학교 78학번들이다. 문화대혁명으로 인해 1966년 휴교령에 들어갔던 베이징영화학교가 등소평(鄧小平)의 개혁정책에 힘입어 1978년 다시 문을 열게 되었고, 82년 졸업생들을 일컬어 5세대 감독이라고 한다. 5세대 감독에는 장이머우 말고도 천카이거(陳凱歌), 톈좡좡(田壯壯), 장쥔자오(張軍釗) 감독 등이 있다.

제5세대의 출현을 알린 영화는 천카이거 감독의 「황토지」이며, 문화대혁명 이후 최초로 해외영화제에 찬사와 주목을 받은 영화이다. 이 영화를 시작으로 그 이후에 제작된 많은 영화들은 국내에서보다 해외에서 많은 주목을 받았다.

제5세대는 위에서 말했듯이 문화대혁명 세대이다. 문화대혁명 시기에 그들은 '하방' 체험을 통해 중국 민중의 생활을 생생하게 보고 느꼈으며, 공산이념의 허구성을 절실히 깨닫게 되었다. 그 때문에 5세대 영화들은 모두 혁명 후의 사회현실을 직시하고 과

---

2) 하재봉, 「영웅」, 『뉴스메이커』, 2003년 2월, 106-107쪽.

거를 반성하는 영화 및 역사적인 상황에 의해 좌절되는 인간상, 여성지위 향상 문제, 세대 간의 갈등, 사고방식의 변화, 그리고 그 변화의 절실한 필요성 등을 나타냈다.

장이머우 감독이 처음으로 세계무대에서 그의 이름 석 자를 알렸던 작품은 「붉은 수수밭」이다. 이 작품은 1989년 베를린 영화제에서 금상을 수상하였다. 궁리(鞏俐)라는 동양여성은 서방국가 사람들을 스크린으로 매료시키기에 충분했다. 그 후로 그는 궁리를 앞세워 「국두」·「홍등」·「귀주이야기」·「인생」 등을 제작하였다. 「붉은 수수밭」과 「국두」·「홍등」에서의 궁리의 모습은 정말 일괄적으로 표현되어져 있다. 중국의 낡은 기존 관습 아래 어쩔 수 없이 순응해 가는 순종적이며 아름다운 여성상 그 자체이다.

하지만 국외 이런 반응과는 달리 국내에서의 반응은 조금은 달랐다. 중국이라는 자국을 세계에 알린 정말 대단한 감독인데 중국인들은 그의 작품에 대해서 냉담하다. 왜 그럴까? 먼저 장이머우 감독의 영화를 본 사람들은 중국에 대한 인상이 어떠한가를 짚고 넘어가야 할 것이다. 지금 중국은 경제개혁으로 인해 하루하루가 다르게 변하고 있다. 하지만 그에게서 보여 지는 중국은 지금의 중국모습을 너무 등한시하고 있음을 알 수 있다. 최근의 작품인 「책상서랍 속의 동화, 1999」에서의 중국은 여전히 너무너무 빈곤한 나라처럼 그려지고 있다. 장이머우 감독의 명성이 높을수록 그리고 세계무대에 자주 그의 작품이 출품될수록 그의 작품을 보는 사람은 더욱 많을 것인데 그런 많은 사람들에게 비쳐지는 중국의 모습은 너무 초라하다고 사람들은 입을 모아 이야기를 하고 있다. 영화를 통해서 우리는 무의식중에 그런 중국의 모습을 머릿속에 각인시키고 있을 것이다.

최근 2008년 베이징올림픽 홍보 비디오를 장이머우 감독이 제작한다고 한다. 그가 그 동안 많은 작품을 통해 그렸던 중국의 모습을 어떻게 조합할지 또한 지금의 장이머우가 말하고 싶거나 보여주고 싶은 중국의 모습은 어떤 모습으로 조명될지 정말 기대가 된다.

2. 영화 줄거리

1920년대 중국 어느 산골, 천청(天靑: 톈칭)이 말과 함께 염색공장으로 돌아온다. 숙부인 양금산(楊金山: 양진산)에게 번 돈을 바치자 내일부터 일찍 일을 시작하라고 명령한다. 그리고 숙부가 세 번째 부인을 맞았다는 사실도 알게 된다.

밤, "괴롭히지 말아요." "넌 어차피 내 것이 됐어."라는 소리를 천청은 듣게 된다. 이른 새벽부터 일하던 천청은 우연히 마구간 구멍으로 국두(菊豆: 쥐더우)의 목욕 장면을 훔쳐본다.

염색공장의 바쁜 일정 속에 숙부는 국두에게 "공짜로 밥을 먹으려고 그래?"라며 일하기를 강요한다. 국두의 젊고 아름다운 모습에 천청은 눈을 떼지 못한다. 일거리가 점점 늘어나자 손님은 숙부에게 일꾼을 더 늘리라고 충고하지만 돈이 많이 든다며 거절을 한다. 천청이 아들과 같아서 좋겠다고 하자 "내 아들이라고? 말도 안 돼. 지금까지 키웠으니 보답해야 한다."고 냉정하게 말한다.

염색할 천이 천장으로부터 내려지고 아름다운 염색공장에서 일하는 국두의 모습은 더욱 돋보인다. 숙부는 천청에게 염료를 아껴 쓰라고 말하지만 그는 더 많은 물감을 풀어 염색물을 만든다.

밤, "돈을 주고 샀으니 때리든 죽이든 내 맘이다. 아들만 낳으면 잘해줄게."라며 변태적인 방법으로 국두에게 고통을 가한다.

천청이 구멍으로 자신을 훔쳐봤다는 사실을 알게 된 국두는 일을 하고 돌아오던 그와 마주친다. 천청은 얼굴과 팔에 생긴 상처를 보고 그녀에게 이유를 묻지만 대답을 피하며 "당신도 많이 말랐군요. 집에 제사가 있으니 고기를 먹을 수 있겠네요. 당신도 불쌍한 운명이군요."라고 말한다.

밤, 그녀의 고통스런 비명이 또 흘러나온다. 참을 수 없었던 천청이 도끼로 바닥을 내려친다. 그 소리에 놀라 상황을 묻는 숙부에게 천청은 숙모가 아프냐고 되묻는다.

국두는 천청이 목욕하는 자신을 보고 있다는 것을 알고 상처투성인 몸을 보여준다. 그녀는 "그 늙은이가 나를 죽일 거예요. 그는 인간이 아냐. 그 늙은이는 병이 있어. 난 못 견디겠어."라며 고통에 대해 절규한다.

어느 날 숙부는 죽어가는 소를 살리기 위해 집을 나선다. 국두는 "늙은이도 없는데 뭘 겁내, 내 몸을 당신에게 주고 싶어."라며 천청과 같이 밤을 보낸다. 임신이 되었음을 알게 된 숙부는 조상에게 아들을 낳아 가문의 대를 잇게 해달라고 기원한다. 국두는 천청에게 '당신의 아이'라고 말한다.

아들의 탄생으로 숙부도 천청도 기뻐한다. 문중회의에서 아들의 이름을 양천백(楊天白: 양톈바이)으로 결정한다. 길을 나섰던 숙부가 나귀에서 떨어져 하반신 불구가 된다. 이제 국두와 천청은 공개적으로 그들의 관계를 밝히며 천백의 아버지는 천청이라고 말한다.

마냥 행복해하던 어느 날, 숙부는 혼자 남겨진 천백을 죽이려고 했으나 들키게 된다. 양금산을 죽이라는 국두의 부탁을 천청은 거절한다. 어느 날 숙부는 하반신을 이끌고 천 조각을 모아 불을 지른다. 겨우 위기를 모면한 국두와 천청은 "우리 가족을 죽이려고? 쉽게는 안 될 것이야. 네 숨통을 끊어주겠어. 오늘부터 우리가 너를 잘 보살펴 줄게. 죽을 때까지 우리의 모습을 잘 보라고."라며 숙부를 통에 넣어 천장에 매달아 놓는다.

가식적인 효도를 하는 그들의 모습을 보고 "양금산은 복도 많지. 천청이 친아들보다 더 효도를 하는구나."라는 마을 사람들의 칭찬이 이어진다. 그러나 그들을 보며 숙부는 "양씨 가문 조상님들! 저 짐승들을 보세요."라며 흐느낀다.

"천백이는 저렇게 컸는데도 이상하게 사람을 부르지 않아요. 벙어리는 아니겠죠?"라는 말에 천청은 때가 되면 말을 하게 된다고 국두를 위로하며 천백에게 자신을 아버지라 부르라고 한다. 둘만의 시간을 갖는 동안 천백은 혼자 집으로 돌아와 갈대에 염색을 들이며 놀고 있다. 이 모습을 지켜보며 죽일 기회가 왔다고 생각하는 숙부에게 천백은 '아버지'라고 부른다. 놀란 숙부는 "내 아들아. 나는 네 아비다."라며 얼싸안고 운다. 활기찬 숙부는 천백에게 천청을 형이라 부르도록 가르친다.

또 임신을 하게 된 국두는 여러 방법으로 낙태를 시도하지만 여의치 않게 된다. 늦은 밤 천청의 방에서 나오는 그녀의 모습을 말없이 무서운 얼굴로 천백이가 쳐다보고 있다. 천백의 3살 잔치에서 천청은 아들이 자신을 형이라고 한다는 사실에 눈물을 흘린다. 낙태를 시도하다 쓰러진 그녀는 창자가 모두 썩었다는 의사의 진단을 받고 돌아온다.

한편 천백의 실수로 양금산이 염색통에 빠져 죽어가는 모습을 아들은 깔깔 웃으며 쳐다보고 있다. 천청은 국두가 숙부를 살해했다고 여겨 비상약을 찾는다. 걱정하는 천청에게 국두는 '착한 조카'라고 빈정대며 말다툼을 한다. 이런 모습을 지켜보는 천백.

집안의 문중회의가 열린다. "천청은 외부인이니 염색공장 및 전 재산을 천백이가 이어받는다. 조상의 규칙대로 양금산이 죽은 후에도 국두는 재가할 수 없다. 정조를 지키고 도리를 다해야 한다. 천청은 낮에는 일하고 저녁에는 집밖의 노왕집에서 잔다. 숙모와 조카 사이라도 오해를 불러일으킬 수 있다. 양가(楊家)는 대대로 청백한 가문이니 그런 말을 들으면 안 된다."라고 결정한 후 장례 행사를 치른다.

세월이 흘렀지만 천백이는 여전히 말이 없는 무서운 얼굴로 천청을 증오한다. 천백의 감시를 피해 둘은 사랑을 나눈다. 숙부가 죽은 후 7~8년 동안 밖에 살면서 숨어 다녔으니 이젠 천백을 데리고 멀리 떠나자고 국두가 제의하지만 천청은 거절한다.

마을 남자들로부터 국두의 불륜 사실을 알게 된 천백은 말을 전한 남자를 죽이겠다고 칼을 들고 따라가다 그만둔다. 다친 손을 치료해 주려는 천청을 강하게 밀치고 집안의 물건들을 부숴버린다. 국두는 "짐승 같은 놈. 짐승보다 못한 놈. 네가 때린 사람이 네 아버지야. 오늘 사실대로 말해주마. 천청이 네 아버지다."라고 외친다.

점점 늙어가는 천청과 국두는 둘만의 장소인 지하를 찾아 10년 전 일을 회상하며 행복해한다. 두 사람의 모습이 보이지 않자 천백은 지하 동굴 속에서 정신을 잃고 쓰러져 있는 그들을 발견한다. 국두를 방에다 눕히고 난 후, 천청을 업고 나와 염색통에 빠뜨린다. 허우적대던 천청이 줄을 타고 올라오자 줄을 끊어 그를 죽여 버린다. 그 모습을 보며 국두는 절규한다. 급기야 국두는 횃불을 들어 한 많은 염색공장을 불태워 버린다. 타오르는 불길을 허망하게 쳐다보는 그녀의 얼굴이 겹쳐지면서.

3. 영화 내용 분석

민주화운동의 패배 직후 중국정부가 예술가들과 지식인들을 강압적으로 대하던 시기에 완성된 「국두」는 활력이 보이지 않는다. 장이머우 감독은 「국두」에서 자신의 젊은 시절을 암울하게 만들었고 천안문 사건을 초래한 근원적인 문제를 다루고 있다.

「국두」는 문화대혁명이라는 파국으로 치달은 중국 현대사를 빗댄 우화로 읽을 수 있다. 관객들은 혁명가들이 주도한 봉건적 억압과 전제적 지배자들로부터의 해방을 체험하고, 그로부터 과연 자신들이 살아온 날들이 진정한 해방의 시간이었는지를 되돌아보게 된다.

장이머우 감독은 중국이 인민공화국 수립 후에도 수천 년간 내려온 낡은 유교적 사고에서 벗어나지 못했다는 것을 한 가족사의 틀 안에서 비유적으로 표현하고 있다. 이러한 가족사는 봉건적 억압에서 해방되고, 해방이 다시 새로운 형태의 독재로 이어지는 중국 역사를 대변한다.

영화는 1920년대 한 작은, 외딴 마을의 염색공장을 무대로 펼쳐진다. 마을은 유교적 전통을 충실히 따르고 있다. 이야기는 염색공장 안에서 진행된다. 염색공장에서 일하는 사람들은 몇 명 되지 않고 공장은 높은 천장과 벽으로 둘러싸여 있다. 높은 벽은 극

소수의 권력자가 누구의 통제도 받지 않고 영향력을 행사할 수 있도록 해준다. 이것은 중국의 봉건사회를 상기시키며 더 나아가 중국공산당을 떠올리게 한다.

주인공인 양금산(楊金山) 일가는 마을의 모든 가족을 대표하는 동시에 전통사회를 대표하고 있다. 전통적 사회구조는 유교의 엄격한 위계질서에 의해 유지된다. 양금산은 집안에서 절대적인 권한을 행사한다. 마을의 대소사는 모두 문중회의에서 결정된다. 전통이 개인과 가족공동체를 무겁게 짓누르며 권력자의 지배로부터 벗어날 탈출구는 없어 보인다. 규칙적으로 같은 작업을 반복하는 염색공장의 기계는 지배를 상징한다.

양금산은 자신을 주장하거나 미래를 열어나갈 능력이 없다. 가장의 성(性)불능이 그것을 상징하고 있다. 권력과 사회적 지위를 유지시켜 주고 보장해줄 후계자를 낳을 수 없기 때문이다. 그래서 그는 모든 책임을 부인들에게 돌린다.

세 번째 부인으로 양금산은 아름답고 진실한 국두(菊豆)를 고른다. 양금산은 잔인하고 도착적인 행동으로 국두를 괴롭힌다. 하지만 지속적인 학대는 국두가 혁명적 정신을 갖게 만든다. 그녀는 모든 수단을 동원하여 우유부단한 천청(天靑)을 자신의 편으로 끌어들인다. 천청은 독재자 양금산의 조카이지만 늘 노예취급을 당해왔다. 그래서 그는 단순한 인민의 대표자라고 할 수 있다. 중국 농민이 공산주의자들에게 희생당한 것처럼 천청은 국두의 도구가 된다. 그는 결국 사랑과 연민 때문에 그녀의 해방에 기꺼이 참여하고, 이것은 그를 새로운 예속의 길로 내몬다.

국두는 먼저 천청의 동정심을 불러일으키고 다음에는 자신의 여성적 매력을 과시한다. 국두는 망설이는 천청의 자존심과 희망에 불을 지핀다. "뭐가 두려워. 그 늙은이는 집에 없어."그렇게 함으로써 국두는 자신의 남편이고 천청의 고용자이자 보호자인 양금산의 권위에 도전한다. 그리고 숙부에 대항하려는 증오심도 생겨난다. 국두는 남편이 자신을 학대한다며 그의 증오심을 더욱 부추긴다.

두 사람의 결합으로 염색공장에는 새로운 권력관계가 형성된다. 국두의 지배 아래 인민이 권력의 도구에 지나지 않은 새로운 전제국가가 탄생한 것이다. 이런 장면이 비유하는 정치적·역사적 배경은 20세기 초 권력이 약화된 특권계급이 혁명가들에 의해 교체되는 과정이다.

이런 새로운 상황에서 아들 천백(天白)이 태어난다. 천백은 신(新) 중국에서 태어난 세대를 가리킨다. 장이머우 역시 이 세대에 속한다. 이 세대는 어려서부터 증오를 배우며 자랐다. 따라서 나중에 천백은 천청과 아버지에게, 동시에 혁명적인 부모세대 전체에게 겨눈다. 이런 관점에서 보면 천백의 아버지로 설명되는 양금산은 스스로 자신을 국가의 아버지로 자칭한 모택동(毛澤東)이라고 볼 수 있다. 모택동과 마찬가지로 양금산에게서도 권력이 빠져나간다. 양금산은 애지중지하는 아들이 빤히 바라보는 가운데 피처럼 붉은 염색통에 빠져 죽는다.

혁명가의 아이로서 그리고 새로운 지배자의 무기로서 천백은 문화대혁명 시기의 젊은 홍위병을 상징한다. 그는 누구의 통제도 받지 않는 파괴적인 힘을 과시한다. 그 힘은 어떤 합리성이나 도덕적 기준이 없이 모든 것을 끝내버리는 힘이다. 공식적으로 정당화된 천백의 군력이양으로 천백은 독재자로서 그리고 상속인으로서 군림한다.

장이머우 감독은 지나치게 폭력적이 되어가는 천백이를 보여주고 있다. 집안의 권력은 모두 그에게 귀속된다. 폐쇄적이고 난폭해진 천백은 모든 사람의 출입을 금하고 생부를 죽이게 된다. 천청은 결국 붉은 염색통 안에서 죽는다. 양금산이 아들의 손에 목숨을 잃었던 것처럼. 이런 극적인 과정과 상징으로부터 정치적·역사적 연관관계를 쉽게 추론할 수 있다. 천백은 모택동에 의해 추방된 젊은 세대의 영혼을 구체화한 것이다. 천백은 홍위병의 형상으로 한 세대를 대표하고 있으며, 결국 인민(천청)은 이 세대의 순수한 이론(붉은 염색통)에 떠밀려 정치적 희생을 당한다.3)

이 영화의 마지막 장면은 집을 태우는 노란 불꽃으로 채워진다. 국두는 집에 불을 지르고 불길 속에서 죽는다. 동요 한 소절이 홍위병에 대한 주의를 환기시켜 준다. 종말의 혼돈 속에 새로운 소생에 대한 한 조각 희망이 놓여 있다. 국두를 덮치는 불꽃 역시 정화의 힘을 보여준다.

4. 결 론

장이머우 감독의 영화 「국두」는 제43회 칸영화제에서 아메리카 비평가들에 의해 주어지는 '루이스 브뉘엘상'을 수상했다. 중국 안휘(安徽)성에서 1989년 크랭크인되어 동양적 영상미와 동양적인 색채미로 전 세계에 충격을 준 작품이다.

늙은 남편과 조카 사이에서 성과 운명의 갈등적 피조물인 불륜

---

3) 슈테판 크라머(Stefan Kramer) 지음, 황진자 옮김, 『중국영화사』, (서울 : 이산, 2000), 247쪽.

의 아이를 낳은 국두. 용서받을 수 없는 불륜과 서러운 사랑 사이에서 고뇌하는 불운의 남녀 이야기를 잘 풀어냈다는 평을 받았다. 특히 스크린을 가득 메운 수많은 염색 천 조각의 색채영상은 긴박감을 불러 일으키는데 극중 인물의 본능적이고 원색적인 내면의 갈등이 그대로 표현되고 있다.

문화대혁명을 암시하고 있는 이 영화는 봉건적 전통 가족관을 깨뜨리는 비밀스런 불륜 행위와는 달리, 아직도 그들의 내면에 존재한 사회적·윤리적 억압을 그대로 받아들이고 있다. 1920년대 가부장제의 산물로서 3번째 부인이 된 국두는 이 억압의 탈출구로 조카인 천청을 택하지만 숙모와의 불륜은 곧 비극으로 끝나기 마련이다. 자신의 아들로부터 죽임을 당하는 상황에서 국두가 자신의 염색공장에 불을 지르고 함께 자신을 불태우듯이, 이를 중국사적 입장에서 조명해 보면 하나의 봉건잔재는 사라지고 공산당 정권하의 문화대혁명으로 바뀌는 전환점의 산물이 바로 아들 천백의 몫이다.

II. 봉건종법제도 속박하의 중국여성

이 영화의 시대적 배경은 1920년대 한 마을의 염색공장의 일상적인 나날이 한 여성의 행복이나 자유와는 무관하게 반복되고 있다. 봉건적 전통 가족제도인 가부장의 산물로서 세 번째 부인이 된 한 여성의 삶을 통해 중국사적 입장에서 중국 여성관의 변천을 살펴보고자 한다.

중국은 오랫동안 봉건사회 체제를 유지했다. 봉건종법제도는 남성 중심의 제도로 여성은 생산수단을 소유하지 못하고 경제적으로 반드시 남자에게 의존해야만 했다. 이로 인해 정치법률·문화·교육·사회지위·윤리도덕·혼인·가정 및 풍속습관에 이르기까지 일련의 남존여비 현상을 만들어냈던 것이다. 게다가 봉건예교의 속박과 박해는 이러한 현상을 더욱 심화시켰다.

여자는 인신(人身)의 자유가 없었을 뿐 아니라 생존의 권리마저도 보장되지 않았다. 가정은 봉건사회의 기본단위로 봉건종법의 윤리 관념은 여자가 가정 안에서 종속적인 지위에 처하도록 규정하였다. '삼종사덕(三從四德)'과 '현모양처(賢母良妻)'는 여자가 꼭 지켜야 할 규칙이었다.

'삼종(三從)'이 최초로 나와 있는 문헌은 『의례(儀禮)·상복(喪服)·자하전(子夏傳)』인데 미가종부(未嫁從父: 시집가기 전에는 아버지를 따름), 기가종부(旣嫁從夫: 시집가서는 남편을 따름), 부사종자(夫死從子: 남편이 죽으면 아들을 따름)라고 되어 있다.

'사덕(四德)'이란 용어는 『주례(周禮)』에서 최초로 나타나는데 반초(班昭)가 지은 『여계(女誡)』에는 '사덕'에 대해서 다음과 같이 설명하고 있다.

"조용하고 깨끗하며 지조가 곧고 절개를 지켜 단정하며 행동하는 데 부끄러움을 알고 움직임에 법도가 있는 것을 부덕(婦德)이라고 일컫는다. 또한 말을 가려서하고 좋지 않은 말은 하지 않으며 때에 맞추어 말하여 사람들이 싫어하지 않도록 하는 것이 부언(婦言)이다. 깨끗이 씻고 깨끗한 옷을 입으며 때를 맞추어 목욕하여 몸을 더럽히지 않는 것을 부용(婦容)이라고 하며, 베 짜는 데 전심을 다하고 놀이나 농담을 즐기지 않으며 술이나 음식을 잘 차려서 손님을 대접하는 것을 부공(婦功)이 라고 한다."[4]

'삼종사덕'이라는, 여성을 차별하고 압박하는 봉건예교가 성전(聖典)으로 받들어졌고 사회에 광범위하게 전파되었다. 그리하여 중국여성은 태어나서 죽을 때까지 한평생을 단지 종속적인 지위에 처해 있었으며 남자들의 부속품에 지나지 않는 존재였다. 중국의 여성생활사는 바로 여성이 학대받고 노역당한 역사였다.

중국이 반식민지·반봉건 사회로 전락한 이후에도 수많은 중국여성들은 아직도 봉건종법제도의 속박 아래 있었다. 그 내용을 보면 다섯 가지로 나누어 볼 수 있다.

첫째, 정치상의 권리가 없었다. 봉건사회는 여성의 피지배적인 지위를 강화하기 위해 남녀에게 엄격한 내외의 분별이 있다고 규정하였다. 여자는 밥 짓고 빨래하거나 바느질·요리 등 가사(家事) 이외의 일에 대해서 전혀 관여할 수 있는 권리가 없었으며 정사(政事)나 국사(國事)에 참여할 수도 없었다. 사회는 남성 위주로 되면서 여성은 인간이라는 최소한의 권리를 상실하였고 아울러 여자에게는 전혀 계승권을 주지 않았으며 이것은 필연적으로 여성이 발전할 수 있는 기회를 영영 갖지 못하도록 만들었다.

둘째, 경제적으로 독립하지 못했다. 여자의 존재가치는 여전히 가사를 돌보거나 아이들을 낳아 기르며 남편의 내조를 하는 데에만 있었다. 사회적으로 모든 직업은 여성에 대해 개방되지 않았고 여성에게는 노동의 권리마저 없었다. 이에 따라 여성은 오직 남자에게 의지하여 생활할 수밖에 없었으며 독립적인 경제지위를 누릴 수

---

4) 중화전국부녀연합회 편, 박지훈·전동현·차경애 공역, 『중국여성운동사 (상)』, (서울 : 한국여성개발원, 1991), 9-10쪽.

없었다. 이것이 바로 여성이 압박을 받았던 근본적인 원인이다.

셋째, 혼인의 자유가 없었다. 종법제도 아래에서 혼인의 운명은 완전히 가장(家長)의 손에서 조종되었으며 반드시 부모의 명령과 중매쟁이의 말을 따라야 했다. 여자의 입장에서 말하자면 자신의 몸을 의탁하는 데 대해 선택할 자유가 없었으며 단지 부모의 결정에 따라야만 했다.

『시경(詩經)』은 고대 중국의 사회생활을 그린 가장 풍부하고 믿을 만한 재료를 제공해 주는 책 중의 하나인데, 날 때부터의 성차별을 이렇게 기록하고 있다.

들이 태어나면 그 애는 침대에 눕히고
좋은 옷을 입혀서 옥(玉)을 갖고 놀게 하라.
그 애의 울음소리는 얼마나 당당한지……
그 애가 자라서 홍포를 입고
씨족과 종족의 군주가 되기를.

딸이 태어나면 땅바닥에 재우고
보통 헝겊으로 덮어두고
깨진 돌조각을 갖고 놀게 하라.
그 애가 자라서 아무런 실수도 하지 말고,
또 그 애 자신이 아무런 장점도 갖지 않기를…
음식과 술 만드는 일에 정성을 들이고
부모에게 아무런 수치도 가져오지 않기를….5)

---

5) 엘리자베스 크롤 지음, 김미경·이연주 옮김, 『中國女性解放運動』,
   (서울 : 사계절, 1985), 29-30쪽.

중국의 경우 남녀의 성비균형이 거의 맞게 되는 것은 남자의 사망률이 여자에 비하여 높아지는 45-49세 이상에 도달해서부터이다. 이러한 남녀의 불균형이 여아를 미리부터 죽여 버리는 데서 온다고 단정할 수는 없으나 여자의 생명을 경시하는 습관이 전해 온 것은 사실이다. 그리고 여아는 출생신고를 하지 않는 경향이 있었는데 이것도 언제나 뽑아버릴 수 있고 또 여자는 인간 축에 들지 못한다는 관념의 소산이라고 말할 수 있다. 남존여비(男尊女卑)는 이처럼 인구통계상에도 역력히 증거를 남기고 있다.

이러한 남녀인구의 불균형은 필연적으로 남녀의 결혼란을 가져온다. 모택동(毛澤東:마오쩌둥)의 「홍국현의 조사(興國縣的調査)」에 의하면 이곳에서는 지주와 부유한 농가는 처를 가지고 있는 것은 물론 몇 명의 첩까지 가지고 있지만 중농의 10%, 빈농과 수공업 직공의 30%, 유랑민의 90%, 고용농부의 90%가 처를 얻지 못하였다는 것이다.[6]

이곳에서는 한번 장가를 들기 위해서는 중농의 거의 전 재산에 해당하는 비용 200원이 필요하게 되므로, 빈농 이하의 농민은 도저히 그러한 비용을 지출할 만한 능력이 없었다. 가혹하고도 봉건적인 착취가 가난한 농민으로부터 가정을 가지는 자유까지도 박탈하였던 것이다.

이처럼 처를 가지지 못한 남자들의 해결책으로 생겨난 '동양식(童養媳)'이라는 습관이 있었다. 동양식은 여아가 아직 성숙해지기 전에 싼값으로 아들의 배우자로 정해놓는 수단이다. 아무튼 동양식이라는 해결책은 확실히 일거양득이었다. 여아의 부모는 딸이

---

6) 小野和子 著, 李東潤 譯, 『現代中國女性史』, (서울 : 正宇社, 1985), 193쪽.

먹고 있던 양식이 절약될 뿐 아니라 얼마간의 돈이 생기고 남자 측은 자신의 처가 확보되는 동시에 결혼 비용이 필요 없게 되기 때문이다.

'동양식' 습관에 따라 여아를 매수할 경우 일반적으로 여아의 연령이 남아의 연령보다 높았다. 조금이라도 노동력을 이용하고자 하였기 때문이다. 그리하여 팔려간 소녀들이 장래 남편이 될 아이를 업어주기도 하고 기저귀를 갈아주기도 하는 웃지 않을 수 없는 광경을 보는 것은 보통이다.

그러나 농촌에서는 가난뱅이 남자들이 많았다. 그런 경우 남자들은 몇 명이 그룹을 지어 한 명의 여자를 사서 공동의 처로 삼고 있었는데 이것을 '과처(夥妻)'라고 하며 또 다른 사람의 처를 돈을 주고 일정한 기간 빌리는 수가 있었는데 이것을 '전처(典妻)' 혹은 '조처(租妻)'라 부르고 있었다. 이러한 비인간적인 수단이 아니고서는 처를 가질 수 있는 길이 없었던 것이다.

이러한 결혼의 습관은 여자를 인간으로 취급한 것이 아니라 물건으로, 사유재산으로 취급한 것이다. 성(性)의 대상으로 팔려가든가, 노동력으로 팔려가든가, 아기를 낳는 기계로 팔려가든가, 어느 쪽이든 간에 여자는 사람이 아니고 하나의 물건이었다.

이혼은 남자의 입장에서는 무제한의 자유였다. "부모에게 순종하지 않는 여자는 제거한다. 아들을 낳지 못하는 여자는 제거한다. 음탕한 여자는 제거한다. 질투를 하는 여자는 제거한다. 악질(惡疾)이 있는 여자는 제거한다. 말이 많은 여자는 제거한다. 도둑의 습성이 있는 여자는 제거한다."는 소위 '칠거지악(七去之惡)'은 이혼의 이유로서 얼마든지 악용될 수 있었으며 사실상 남자의 입장에서 본다면 이러한 유교도덕 규범은 남자가 제멋대로 할 수 있는 이혼을 어느 정도 제한하는 것이었다고 말할 수가 있을 것이다.

그러나 여자는 이혼의 자유가 없었다. 여자는 쫓겨나든지 그렇지 않으면 죽지 않는 한 혼인을 해소할 방도가 없었다. 닭에게 시집가면 닭에 순종하고, 개에게 시집가면 개에 순종해야 하는 것이 여자의 도리이며, 여자가 이혼을 제기한다는 것은 상상조차 할 수 없는 일이었다.

남편을 잃은 여자는 가령 그것이 결혼식을 올리기 전 약혼 중의 남자라고 할지라도 재혼이 허용되지 않는다. '굶어죽는 것은 그렇게 큰 일이 아니지만 절개를 잃는 것은 중대한 문제(餓死事小失節事大)'라는 도덕관념이 견지되어 왔으며 더구나 남편을 잃은 과부(寡婦)는 혼자 생활하며 절개를 지켜야 한다.

넷째, 교육을 받을 권리가 없었다. "여성에게는 재주가 없는 것이 바로 덕(德)이다" "여자가 글을 알면 나쁜 짓을 하도록 교사하게 된다"고 간주되었다. 이에 따라 교육을 받은 여성이 극히 드물었다. 남존여비의 봉건종법 사상과 윤리도덕 관념을 강화시키고 부권(夫權)을 유지·보호하기 위해 봉건적인 여성교육만이 출현하였다.

다섯째, 신체상의 박해를 받았다. 중국에 있어 대부분의 여성들의 육체적인 기동성은 그 자체가 여성들의 역할을 한정하는 상징이 되고 있는 전족(纏足)의 영향을 무서울 정도로 받았다. 그 관행은 10세기 궁중 무희들 사이에서 유행하던 '조그맣고 오목한 발'에서 유래되었다고 한다. 처음에는 그것이 상류계급에서만 실제로 행해졌는데 그것은 다른 이유에서가 아니라 묶은 발이 부(富)나 지체와 연관되어 마침내는 유리한 결혼이나 일종의 사회적 이동에 필수적인 전제 조건화가 되었기 때문이다. 많은 야심만만한 어머니들이 자기 딸들에게 이 고통스러운 과정을 견디도록 강요했고 그래서 곧 아주 빈곤한 집안을 제외한 거의 모든 집의 소녀들이 그들의 자유와 민첩성을 상실하게 되었다.

중국에서는 7-8세의 소녀들이 전족을 하느라고 자기 발을 헝겊으로 단단히 덮어 싸서 장심(掌心)이 부러지고 앞부리가 영구히 굽어진 상태로 될 때까지 묶어둔다. 그 격심한 통증과 고통은 '양쪽 발의 전족을 위해서는 한 동이의 눈물이 필요하다'라는 옛 속담에 요약되어 있다. 소동파(蘇東坡: 송(宋)대 시인, 1036-1101)는 전족을 찬양하는 최초의 운문 중의 하나를 썼다.

"향기 나는 기름을 바르고 그녀는 연꽃의 걸음을 걷는다.
때로 슬프기도 하지만 날렵하고 경쾌하게
그녀는 아무런 자국도 남기지 않는 바람처럼 춤추네…….
손바닥 위에 올려놓고 들여다 보려마.
어쩌면 그리도 작은지 이루 표현할 수조차 없네.……7)

남자들이 그들의 탐미적이고 에로틱한 자질들을 찬양하는 동안 여인들은 불구자로 사는 운명을 감수해야 했다.8)

---

7) H.S.Levy, Chinese Footbinding : The History of a Chinese Erot Custom, New York, 1996, p.41.
8) 전족에 대한 고통을 잘 표현한 글이 아래와 같다.

믿을 수 없어라. 저 줄어든 발로
그녀의 살과 뼈는 상처를 입어서
식욕조차 잃어버렸네.
그녀의 향기로운 젊은 날의 대부분을
떨어지는 꽃잎에 눈물지으며 보냈다.

중국여성은 정신적으로 봉건예교의 중첩된 속박을 받았을 뿐만 아니라 신체상으로도 박해를 받았다. 전족은 바로 이러한 박해의 특유한 표현으로 두발을 감싸서 동여매는데 그치지 않고 여성의 노동능력을 없애버렸다. 게다가 여성을 속박하여 남자들에게 의존하여 살 수밖에 없도록 하는 정신적인 멍에가 되었다.

2000여 년 동안 종법사회의 중국여성은 모두 독립적인 인격을 갖추지 못한 집단이었다. 여자들은 4권(四權)의 압박과 봉건예교의 속박을 받았으며, 신체적인 박해도 받았던 것이다. 또한 정치·경제·문화교육·결혼 등에서도 남자와는 불평등한 지위에 처해 있었으며 거의 모든 권리를 박탈당했다.

한번 발이 그렇게 조그맣게 묶이고
무슨 일을 하려 해도 힘이 드네.
한번 발끝 뾰족한 데가 묶이고 나면
여인들의 울음소리는 하늘에 울려 퍼지네.

제4장. 「아편전쟁」
: 아편전쟁의 배경과 난징조약

I. 「아편전쟁」

제　목 : 「鴉片戰爭」(The Opium War)
감　독 : 셰진(謝晉)
제작연도 : 1997년

1. 감독 셰진(謝晉)에 대하여

　　개혁적이고 정치적인 멜로드라마의 토대를 만든 셰진(1923~　)
감독은 1980년대 중반에도 한편으로는 도덕적 가치와 구체적 개
혁현실 사이의 모순에 대한 해부를, 다른 한편으로는 관객을 감동
시킬 수 있는 감성을 추구했다. 그는 공식적으로 당 노선을 따르면
서 전체 사회에 대한 개인의 입장표명을 회피했으며, 뿐만 아니라
문화에 대한 어떤 비판도 하지 않았다. 그래서 그의 영화에서는 우
텐밍(吳天明) 감독이나 셰페이(謝飛) 감독의 영화에서 볼 수 있는
비판적인 견해는 찾아보기는 힘들다. 셰진이 표현한 세계는 매우
한정적이어서 공식화된 인간의 범주화, 특히 가까운 과거의 범주

화와 관련이 있다. 유죄인가 무죄인가 식의 추상적 이분법은 정치선전과 항일전쟁, 문화대혁명을 다룬 그의 멜로드라마들에 영향을 미쳤다. 결국 그는 '주어진 시대에서 자신의 역할에 충실했을 뿐이다'라는 식의 개인적 합리화를 목표로 삼는다. 모택동(毛澤東) 시기의 만행에 대해 '천재지변'이라는 공식적 평가가 수용되면서 셰진은 인간의 무죄를 제시했는데, 이것은 과거에 대한 모든 진지한 성찰의 싹을 애초에 잘라버리는 것이었다.

셰진 감독은 국제영화제에서 상을 타거나 화려하게 각광을 받은 영화감독은 아니다. 중국이라는 사회주의 체제 안에서 그나마 인간의 얼굴을 그려보려고 노력한 평범한 영화감독에 지나지 않는다. 하지만 그의 노력은 헛되지 않았다. 셰진 감독과 같은 진지하고 훌륭한 선배 감독이 있었기에 중국 영화는 지금과 같은 황금시대를 맞이할 수 있는 것이다. 하지만 셰진에게 국제적 명성을 안겨준 것은 고화(古華:구화)의 소설을 각색한 「부용진(芙蓉鎭), 1986」과 몰락해 가는 중국 귀족가문을 다룬 「마지막 귀족(最後的貴族), 1989」이다. 「아편전쟁」에 대하여 기자와의 인터뷰 내용을 보면 다음과 같다.

* 「아편전쟁」에는 정치적 메시지가 담겨있다. 왜 이 영화를 만들었는가?
: 홍콩 반환을 기념하기 위해 만든 것이다. 무엇보다 홍콩인들을 위해 만들었다. 홍콩이 영국의 식민지였을 때 그들은 아편전쟁에 대해 제대로 알 수 없었다. 이제야 자신들이 어떤 치욕을 당했는지 알 수 있다. 그래서 아편전쟁에 역사의 진실을 담으려고 했다. 그래서 극본을 쓰는 도 중국인 20명, 영국 역사가 10명이 함께 참

여했다.
* 「아편전쟁」은 하나의 역사(役事)와 같다. 엄청난 제작비가 들었
    을 텐데.
 : 광저우, 베이징, 저장성 3개 도시에 오픈 세트장을 지었다. 저장
성 세트를 짓는 데만 50억 원이 들어갔다. 스튜디오는 관광지로
활용되고 있다. 총 제작비로 1백30억 원(1천 500만 달러)이 들었
다. 국가의 돈은 전혀 받지 않았고 민간자본으로만 충당했다.

2. 영화 줄거리

① 임칙서가 아편근절의 임무를 부여받는 과정
* 청나라 도광제는 임칙서에게 아편 근절의 명령을 내림
* 나약한 황제 때문에 망설이지만 아편 중독자인 스승 여자방
    을 보고 결심
* 광주의 흠차대신으로 임명
② 영국 동인도회사의 중국 입항
* 영국 상인 댄튼의 입항
* 영국 상인과 관리들의 불법 거래
* '익화행'의 상인 하경용은 아편을 팔아 영국 상인들에게 많은
    이득을 남겨줌
* 아편을 피운 자를 사형하면서 관리들은 가식적인 행동을 함
③ 아편소각과 영국 제국주의의 음모
* 임칙서가 아편을 몰수하겠다고 영국 상인에게 통보
* 영국 상인이 거절하자 집을 포위하고 물과 식량을 중단함

* 선교사가 중재를 하였으나 임칙서의 분별력에 수포로 돌아감
* 부정부패한 관료, 특히 한조경을 파직함 : 거짓 공적의 이유
* 영국 통상인 엘리엇이 파견됨
* 임칙서의 아편 몰수를 인정했으나 영국과 중국 무역을 위한 계략이 있었음
* 임칙서는 22,283개의 아편 상자를 몰수하여 소각함

④ 영국 제국주의의 계략

* 영국은 아편몰수로 전쟁을 준비함
* 영국 여왕은 "문제는 아편도, 영국의 존엄성도 문제가 아니다. 중국이 자유무역을 거절했다는 것은 다른 나라의 자유무역에 영향을 끼친다. 이것은 대영제국의 존재를 없애는 것이다. 또 중국을 다른 제국주의에 빼앗기고 싶지 않다. 즉 중국을 소유하는 것은 19세기를 소유하는 것이다."라고 하였다. 그리하여 영국 의회는 찬반 토론 중 겨우 7표 차이로 결국 아편전쟁이 발발하였다.

⑤ 아편전쟁의 발발

* 1840년 6월 영국 함대의 입항 : 임칙서는 광주에서 결전을 준비하고 있었으나 영국은 임칙서를 피해 황상과의 직접적인 담판을 요구하며 북경으로 북상을 결정
* 영국 군함의 위력
* 임칙서 파직으로 기선이 흠차대신으로 임명
* 기선의 정책 : 여자와 재물로 환심을 사면서 동시에 전쟁을 피하려고 함
* 난징조약의 체결

⑥ 아편전쟁의 실패
* 무기의 빈약
* 홍콩의 할양 : 아편전쟁 후로부터 약157년 만인 1997년
    7월 1일 홍콩을 되찾음

II. 아편전쟁의 발발과 난징(南京: 남경)조약

1. 청조 통치자와 서구 침략주의

아편전쟁 당시 중국은 청조 정부의 통치 아래 표면상으로는 여전히 대국(大國)이었지만 실제로는 극도로 쇠약해져 있었다. 정치는 극도로 부패하여 도처에 탐관오리가 득실거렸다. 예를 들면 화신(和珅)이라는 대관료가 있었는데 그가 부정으로 모은 재산만도 은(銀) 4억 냥이었다. 이것은 바로 청조 정부 7년의 재정수입에 해당되는 숫자였다.

당시 청조의 군대 역시 극도로 부패해 있었다. 군대들은 쓸 돈을 얻지 못하면 백성들을 약탈했다. 이러한 군대는 평소 훈련 받는 일은 거의 없고 마작을 두는 것밖에 없었다. 농민의 생활은 날이 갈수록 어려워져만 갔다. 농민들은 핍박 받는 나머지 궁지에 몰리면 반항을 일으키게 된다. 아편전쟁 전 수십 년 동안 끊임없이 농민기의가 발생했다.

당시 서구 자본주의 국가 중에서도 가장 강대했던 영국은 18세기부터 기계 생산체제를 도입하여 공업이 매우 빠른 속도로 발전

하고 있었고, 영국은 외국을 침입하여 식민지로 강점한 후에 그곳을 원료공급지와 상품판매지로 이용하려고 하였다.

영국을 비롯한 자본주의 국가들은 병선과 대포를 사용하여 아프리카와 아시아 등에서 수많은 식민지를 강점하였다. 특히 중국은 자본주의 국가들이 현혹되어 혈안이 저마다 되기에 충분했지만 여전히 봉건대국이었던 터라 그들은 중국에 대해 한동안은 감히 손을 대지 못했다.

2. 침략자들이 실마리를 찾아내다

당시 청조 정부는 서구 자본주의 국가에 대하여 '폐관정책(閉關政策)'을 실행함으로써 그들과의 왕래를 피하고 있었다. 이 정책으로 청조는 연해의 여러 항구들을 모두 봉쇄해버리고 오로지 광주(廣州) 한 곳만을 남겨두어 외국인의 통상을 허용하였다.

중국은 당시 봉건국가로서 경제적으로는 '자급자족'의 상태였다. 따라서 외국인과 왕래를 한다든지 통상할 필요가 없었다. 청조 통치자는 봉건경제를 보호하기 위해 이와 같은 폐관정책을 엄격히 실행하였던 것이다.

영국은 온갖 방법을 동원하였지만 중국의 문호를 열 수는 없었다. 그러나 영국은 이에 포기하지 않고 그 물꼬를 트는 일에 몰두하였다.

그렇게 해서 마침내 한 가지 실마리를 찾아내었는데 그것은 바로 아편을 대량으로 중국에 들여보내는 것이었다. 여기에서 영국은 아편을 이용해 판로 개척의 선봉으로 삼고, 또 한편으로는 기회를 엿보아 침략전쟁을 일으켜 대포로써 중국의 문호를 부수고 들어 갈 준비태세를 갖추고 있었다.

3. 심각한 아편전쟁

아편의 독성은 피우기만 하면 인이 박히게 된다. 사람에게 이 인이 박히게 되면 좀처럼 끊기 어려워서 몸은 장작처럼 말라 들어가고 정신이 위축되어 폐인이 된다.

영국은 아편이 꽤 잘 팔려나가는 것을 보고 그것이 독이든 아니든 그런 것에 상관하지 않은 채 대량의 아편을 은밀히 중국에 들여보냈다. 침략자 영국의 이와 같은 수법은 그야말로 죄악적인 행위가 아닐 수 없었다.

아편이 많아질수록 아편을 피우는 사람들 또한 많이 늘어났다. 처음에는 관료와 지주 정도에 불과했던 것이 나중에는 상인, 수공업자, 배우, 병사까지도 아편을 피우는 범위로 확대되어 그야말로 아편쟁이의 세상이었다.

당시 청조의 관리 중 한조경(韓肇慶)이라는 사람은 아편 상인만을 전문적으로 체포하게끔 해상에 파견되었다. 그러나 그는 오히려 아편 상인의 암거래를 도왔고, 뿐만 아니라 1만 상자의 아편을 운반해 올 때마다 그중 몇 백 상자는 따로 챙기기로 아편 상인과 약속하여 자기 몫의 부수입을 올리곤 했다.

당시의 황제였던 도광제(道光帝)는 금연정책을 펴기로 결정하고 임칙서(林則徐)를 흠차대신(欽差大臣)으로 파견하여 아편을 조사하여 금지시키도록 하였다.

4. 임칙서(林則徐), 아편을 금하다

1839년 3월 임칙서는 광주(廣州)에 도착했다. 광주에 도착한 직후 그는 곧 아편을 매매하는 중국의 간상(奸商)을 잡아들였다. 이어서 또 외국의 아편 상인에게 통지, 그들이 갖고 있는 아편을 모두 내어놓고 아울러 앞으로 다시는 아편을 들여놓지 않겠다는 각서를 작성하도록 명령하였다.

외국의 아편 상인들은 청조 관리의 성격을 잘 알고 있었기 때문에 일을 단번에 시행하려 들지 않았다. 그들은 일단 급한 대로 위기를 피한 뒤 나중에 사람을 보내 관리에게 돈을 은밀히 건네 주면 아무 일도 없을 것이라고 생각했다. 그러나 어찌 알았으랴.

임칙서는 다른 관리들과는 달리 매우 성실하고 책임감 있는 관리였다. 그는 군사를 광주항 바깥으로 보내서 아편을 쌓아놓은 바다 위의 20여 척의 외국 선박을 모두 묶어 두었다.

영국의 상무감독 엘리어트(Charles Elliet)는 이 소식을 듣고 특별히 광주로 달려와 반항을 준비하였다. 임칙서는 병사를 보내 그가 머무는 곳을 포위케 하고 음식의 공급을 단절시킨 후에 외부와의 연락을 일절 끊기게 했다. 3일이 지나자 엘리어트는 하는 수 없이 아편을 전부 바치겠다고 답하였다. 5월 말에 이르러 2만여 상자의 아편이 몰수되었다.

임칙서는 광주성(城) 바깥에 있는 호문(虎門)의 해변, 모래사장 위에 두 개의 커다란 구덩이를 팠다. 그리고는 거기에 소금물을 채운 뒤, 아편을 집어넣고 그 위에는 석회석을 덮어 구덩이 속에 있는 아편을 모두 태워버렸다. 그런 다음 다시 바닷물을 이용하여 깨끗이 씻어 내렸다. 이렇게 하여 6월 3일로부터, 23일에 걸쳐

2만여 상자의 아편이 완전히 소각되었다.

임칙서는 광주에 온 후 줄곧 국제 정세를 연구하는 데에 몰두하였다. 그는 사람을 시켜 외국 신문을 번역하게 하는 등 외국의 정황을 이해함으로써 그들에 대응할 방책을 강구하고 있었다. 그는 자본주의 침략국들이 아편을 재원으로 삼고 있었으므로 아편을 근절한다고 해도 그들이 결코 쉽게 단념하지 않을 것임을 너무도 훤히 알고 있었기 때문에 반드시 더 좋은 예방책을 고안해 내지 않으면 안 된다는 것까지도 잘 알고 있었다.

임칙서는 군사 준비를 적극적으로 추진하였는데, 군대에 명령하여 훈련에 박차를 가하고 사람을 보내 뗏목과 쇠사슬을 사용하여 항구를 봉쇄하는 한편 2, 3백 개의 대포를 구입하여 해안에 배치해 두었다. 동시에 연해의 각 성에 통지, 역시 방비를 강화하고 항구를 엄히 조사하도록 촉구하였다.

임칙서의 금연에 대한 확고부동한 행동은 많은 민중의 지지를 얻었으며 또한 민중의 반침략 투쟁의 의지를 고무시켰다. 임칙서는 민중이 반침략 투쟁의 중요 역량임을 알고 있었으므로 그들을 힘껏 조직화하고 또한 특별히 사병을 파견하여 어민, 선호(船戶)들을 이끌고 주야로 외국 선박을 화공(火攻)하는 방법을 연습하게 하였다.

그리하여 광동 방면에서는 이와 같은 임칙서의 노력을 통해, 부패한 청군이 모두 훌륭한 부대로 변모하였고 광대한 군중들도 또한 조직화되어 군민(軍民)이 일치단결하니 침략자에 대한 반항의 기운이 드높아져 있었다.

5. 첫 번째 불평등 조약 : 난징조약(南京條約)

1840년 7월 초, 영국 군함은 여러 차례 고투를 겪은 뒤 하는 수 없이 광주를 떠나서 북경으로 향해 움직였다. 그러나 연해의 각 성 가운데 복건을 제외하고는 전혀 방비가 되어 있지 않았기 때문에 절강의 정해(定海)를 공격하여 함락시켰다. 8월, 영국 군함은 드디어 천진(天津) 부근에 도착할 수 있었다.

이때 금연을 반대하던 여러 관리들이 모두 이 기회를 틈타 임칙서를 공격하였는데, 즉 그가 큰 화를 일으켰다고 주장하였다. 이에 도광제는 임칙서를 파면시키고 기선(琦善)을 흠차대신으로 임명하고 영국에게 담판할 것을 요구하였다.

침략자 영국은 기선으로 하여금 배상금 지불과 홍콩의 할양을 요구하는 조약을 조인할 것을 강압하였다. 이에 격분한 도광제는 기선을 파면시키고 정식으로 영국에 선전을 포고하였다. 동시에 황제의 조카인 혁산(奕山)을 장군으로 삼아 군사를 이끌고 광주로 급히 가게 하였다. 이어서 영국 군함이 겨우 몇 발의 화포를 쏘았을 뿐인데 청군은 놀라 뿔뿔이 흩어졌고 혁산은 황급히 백기를 들어 투항하였다.

1842년 8월 8일, 영국은 조건을 제시했고 중국 측은 일일이 승인하였다. 조약의 주요 내용은 다음과 같다.

첫째, 광주, 상해, 하문(廈門), 복주(福州), 영파(寧波) 등의 다섯
  지역을 개방하여 통상항으로 삼을 것.
둘째, 홍콩을 할양할 것.
셋째, 은(銀) 2천 1백만 원을 배상할 것.

넷째, 영국 상품에 대한 관세는 중국과 영국이 의논 결정할 것.
다섯째, 공행(公行)제도를 폐지하고, 모든 상인에게 원하는 바에
따라 무역을 할 수 있게 한다.

이 조약은 중국이 외국의 압력에 의해 체결한 첫 번째 불평등
조약이다. 체결의 장소가 남경이었으므로 '남경조약'이라 부른다.
다음해 영국은 청조 정부로 하여금 5항 통상장정과 호문채 추가
조약 등의 불평등조약을 체결하도록 강압하였다. 이 조약은 중국
이 근대 유럽제국과 최초로 체결한 불평등조약으로서, 이로 인해
중국은 문호를 개방하게 되고, 구미 열강의 반 식민지적 지위로
떨어지게 되는 계기가 되었다. 즉 조계(租界)설정과 영사재판권(領
事裁判權)은 중국으로 하여금 더욱 많은 주권을 상실하게 하였다.
1844년에는 미국과 프랑스가 각각 거의 같은 내용에다 개항장
에서의 교회설립권 등을 추가한 망하(望廈)조약 및 황포(黃埔)조
약을 맺음으로써 중국은 국가주권의 일부를 잃은 불평등조약 아
래서 세계시장에 편입되었다.

6. 아편전쟁의 결과

아편전쟁이 중국에 끼친 해악의 영향은 매우 컸다. 아편전쟁으
로 청조 정부가 홍콩의 할양을 강요받은 뒤 중국의 영토는 파괴
당하기 시작하였다.
외국침략자들은 또 청조정부에 압박을 가하여 여러 가지 불평
등조약을 체결하여 여러 통상항을 개방하게 하였으며 관세도 또

한 제한을 받게 되었다. 이로 인해 외국 침략자들은 상품과 아편을 무제한으로 중국에 들여올 수 있었고 또한 중국에서 원료를 쉽사리 약탈해 갈 수 있게 되었다. 이리하여 중국은 그들의 상품시장과 원료공급지로 전락하게 되었다.

이밖에 외국 침략자들은 또 '조계'를 설정하고 '영사재판권'을 획득하여 중국 영토 내에서 중국의 관할을 받지 않을뿐더러 도리어 중국의 민중을 통치하고 노예화시켜 중국은 이제 식민지와 다름없는 상태에 놓이게 되었다.

이처럼 아편전쟁 이후 중국은 자본주의 제국들의 침략으로 반식민지(半植民地)·반봉건(半封建)의 길로 나아가게 되었다.

원래 중국 인민들은 봉건통치자의 압박과 착취 아래 엄청난 고통을 받아왔다. 그런데 아편전쟁 이후로는 봉건 통치자 외에 또 다른 외국 자본주의 침략자가 더하여져 생활이 더욱 고통스럽게 되었다.

외국의 자본주의 침략자와 여러 나라의 봉건통치자에 반대하기 위해 중국의 민중들은 아편전쟁을 기점으로 장기적이고 굳건하며 용맹스런 투쟁을 전개해 가기 시작하였다. 당시 가장 유명한 군중적 성격의 반영 무장조직으로 '승평사학(升平社學)'이라고 하는 것이 있었는데 거기에 참가한 자는 수십만 명이나 되었고 역량도 매우 강대하였다.

제5장. 「송가황조」
: 신해혁명 및 국민당과 공산당의 합작

I. 「송가황조」

제 목 : 「宋家皇朝」(The Soong Sisters)
감 독 : 장완팅(張婉婷)
주 연 : 장만위(張曼玉), 양즈치옹(楊紫瓊), 우쥔메이(吳君梅)
제작연도 : 1997년
제작사 : 골든 하베스트 · 후지TV · 포니 캐숀

1. 감독 장완팅(張婉婷)에 대하여

여성 감독인 장완팅은 「불법이민(不法移民), 1984」로 비평가들의 좋은 평가를 받으며 1985년 홍콩 금상장 영화제 감독상을 수상하면서 화려하게 데뷔한다. 그 후 두 번째 작품인 「가을날의 동화(秋天的童話), 1998」의 흥행과 함께 홍콩을 대표하는 여성 감독으로의 입지를 굳히게 된다. 그리고 제47회 베를린 영화제 개막영화로 선보인 장완팅 감독은 「송가황조」의 한국 개봉과 맞춰 내한을 했으며 김대중 대통령과 특별 면담을 나누기도 했다.

이후 그녀는 홍콩대학 기숙사가 헐린다는 말을 듣고 대학시절의 추억을 간직해둬야겠다는 생각으로 「유리의 성(琉璃之城), 1998」을 감독하였다. 이 영화에서 장완팅 감독은 자신의 홍콩대학 기숙사 생활을 바탕으로 그 시절 자신이 겪었던 재미난 에피소드를 고스란히 담았다. 이 영화가 한국 관객들 사이에서 호평을 받고 있다는 소식을 듣고 한국을 방문하기도 했다.

장완팅 감독은 홍콩의 중국 반환을 앞두고 중국을 더 알고 싶어 홍콩·타이완·미국을 돌아다니며 자료를 수집했고, 1백여 권의 책을 읽던 중 중국근대사에 큰 영향을 끼친 송씨 자매의 이야기를 알게 되었다.

영화에서는 손문과 송경령이 긍정적으로 비춰지는 반면 장개석(蔣介石)와 송미령(宋美齡)이 권력 지향적으로 보이는 건 중국의 검열 때문이었다고 설명했다. 상당부분 중국에서 촬영했는데, 타이완에서 국부로 추앙받는 손문과 혁명적인 장개석의 이야기가 함께 나오기 때문에 민감하게 반응했다. 이 과정에서 장개석과 송미령에 관한 많은 장면이 잘려나갔다고 한다.

2. 영화 줄거리

"有三個姉妹, 一愛錢, 一愛權, 一愛國."(나에게는 세 딸이 있다. 한 명은 돈을 사랑했고, 한 명은 권력을 사랑했으며, 다른 한 명은 중국을 사랑했다.) 이 영화는 이렇게 시작된다. 돈을 사랑한 사람은 송애령(宋靄齡: 쑹아이링)이고, 권력을 사랑한 사람은 송미령(宋美齡: 쑹메이링), 중국을 사랑한 사람은 송경령(宋慶齡: 쑹칭링)

70

이다.

1981년 베이징 눈 내리는 밤, 송경령의 하인이 차에서 내려 그녀의 집으로 들어간다. 송경령은 누워있고, 하인은 전신국을 통하여 미국에 있는 미령에게 경령이 아프다고 전한다. 경령은 미령이 올 수 있냐고 묻고 하인은 미국에서 홍콩을 거쳐 중국에 오는 비행기의 일등석이 예약되어 있다며 그녀가 올 것임을 확신한다. 전신국의 사람들은 40년간 일하면서 그녀의 이름은 처음 듣는다고 말한다. 이를 통해 자매가 오래도록 연락이 없었음을 알 수 있다. 하인이 그녀에게 물을 건네는 사이 투명한 물 컵이 클로즈업되면서 화면은 지난 시절로 돌아간다.

경령과 미령이 회음벽(回音壁)이라고 하는 장소에서 메아리 놀이를 하며 재밌게 놀고 있는데 애령이 찾아온다. 그녀들은 노래를 부르며 거리로 나서고 거리에서는 '미국타도, 제국주의 반대, 서방타도'를 외치는 시위로 많은 사람들이 몰려 있고 그 가운데는 서양 물건들이 불에 타오르고 있다.

그녀들의 아버지 찰리 송(Charles Jones Soong)은 당시 중국의 4대 재벌가문의 한 사람으로 역시 그 시위에 가담하고 있었으며 그의 아이들을 발견하고서 가지고 있던 서양의 인형들도 모두 태우게 한다. 경령이 맨 먼저 나서서 주저 없이 인형을 불에 던지고, 애령은 가지고 있던 인형 두 개 중에 하나만을 버리고 다른 하나는 아무도 모르게 소매 속에 감춰둔다.

장면은 바뀌어 인쇄소이다. 찰리 송은 그의 친구 손문(孫文: 쑨원)을 도와 성경책 인쇄로 가장하면서 혁명을 위한 전단을 찍어내고 있다. 아버지는 손문에게 세 딸을 소개시켜 준다. 손문 자신은 13살이 되어서야 비로소 신발을 신었지만 너희들은 그러지 않았으면 좋겠다고 말한다. 그사이 미령은 빨간 헝겊이 대어진 호랑이 모양의 신발을 쑥 내밀고, 밖에서는 심상치 않은 분위기가 흘러 찰리 송은 급히 손문을 피신시킨다. 손문은 창밖으로 뛰어내리던 중 자신의 신발 한 짝을 흘리고 애령은 얼른 그것을 주워 기계 속으로 던져버린다. 인쇄소 문이 열리고 청조(清朝)의 군사들이 손문을 찾지만 그는 보이지 않는다.

장면이 바뀌어 아버지는 아이들에게 영어를, 어머니는 피아노와 바이올린을 가르친다. 아버지는 그녀들이 신교육을 받고 신(新)지식인이 되어 신(新)중국을 건설하기를 바라면서 세 딸을 미국으로 유학을 보낸다.

1911년 신해혁명으로 중화민국이 건립되었고 많은 사람들이 손문의 사진이 걸린 피켓을 들고 '중화민국 만세'를 외치며 계단을 내려오고 있다. 아버지 찰리 송은 다리 위에서 중국인들에게 변발을 자를 것을 권하고 변발을 자를 경우 그들에게 국수를 먹을 수 있도록 해준다.

11차례의 혁명 후 손문은 총통이 되고 첫째 딸 애령은 산서(山西)성의 대부호인 공상희(孔祥熙)와 결혼한다. 그때 애령은 사람들과 대화하면서 집의 모든 물건, 심지어 화장실 변기까지 모두가 미국제라며 자랑을 하고 있다. 여기에서 우리는 그녀의 물질, 즉 재물에 대한 집착을 엿볼 수 있다.

임시총통이었던 손문은 원세개(袁世凱: 위안스카이)에게 총통의 자리를 내어주고 자신은 일본에서 재기를 준비한다. 이곳에 도착한 경령에게 손문은 위험하다며 돌아갈 것을 권유하지만 그녀는 당당하게 손문을 도와 일을 잘 해낼 수 있다고 말한다. 손문과 일을 하면서 그녀에게는 사랑이 싹트고 미령에게 그것을 편지로 써서 보낸다.

경령과 손문의 사랑은 아버지의 반대에 부딪친다. 아버지는 경령의 손문에 대한 사랑을 우상에 대한 숭배로 인식한다. 하지만 그녀는 아버지를 정면으로 마주하고 정말 손문을 사랑하며 자신이 진정한 지지자가 될 것임을 역설한다. 화가 난 아버지는 어머니를 시켜 그녀를 가두게 하지만 그녀는 애원하는 어머니의 눈을 뿌리친 채 도망을 간다. 뒤에는 어머니와 전족을 한 할머니가 따른다. 일본의 어느 한 사당에서 손문과 경령은 드디어 결혼식을 갖게 된다. 결혼서약이 끝나고 도착한 찰리 송은 그들과의 절교를 선언하며 울부짖는다.

전쟁이 일어나고 손문은 경령과 헤어진 채 피신하게 된다. 경령은 어렵게 탈출해 목숨을 구하고 여러 날을 거쳐 드디어 손문과 재회한다. 그 동안의 상황을 묻는 손문에게 경령은 15명의 부하와 자신의 아이까지 죽었다고 말한다. 화면은 다시 바뀌어 애령의 집에서 3일 동안 잠을 잔 후 깨어난 경령은 자신이 더 이상 아이를 가질 수 없음을 고백한다.

군대의 필요성을 몸소 느낀 손문은 황포군사학교를 세우고 장개석(蔣介石: 장제스)를 교장으로 추천한다. 뒤를 이어 회색빛의 군복을 입은 군인의 행렬이 줄지어 이어지고 장개석은 미령에게 비행기를 같이 타자고 권유하지만 거절당한다. 자리를 옮겨 이야기를 계속 나누는 장개석과 미령을 통해 그들의 미래를 살며시 보여주기도 한다.

처음으로 중국에서 직접 만든 비행기 시범운전이 있고 경령은 자진하여 장개석과 탈것을 모든 군인들 앞에서 밝힌다. 이를 염려하는 손문에게 경령은 "저도 중국이 만든 거예요. 중국제에 자신

없으세요?"라고 말한다. 이 말을 통해 경령의 중국애와 중국에 대한 자신의 확고한 신념을 볼 수 있다. 드디어 탑승하고 비행기는 무사히 하늘을 날아다닌다.

정원에서 비행기가 지나간 하늘을 한없이 보고 있던 아버지 찰리 송은 자식들을 미국유학 보낸 걸 후회한다. 의자에서 일어나 방으로 들어가다 아버지는 쓰러지고 이를 계기로 흩어졌던 세 자매가 다시 한자리에 모인다.

3년 동안 아버지를 보지 못했던 경령은 아버지에게 마지막으로 자신과 남편을 이해해 줄 것을 부탁한다. 아버지는 흰 천을 가져오라고 한 후 경령에게 둘러주며 보푸라기를 떼어주고 의자에 앉아 죽음을 맞이한다. 그는 아내와 딸들에게 손을 잡으라고 말하며 흔들의자의 상하 움직임에 따라 그녀들의 흔들거리는 모습이 어렴풋하게 비친다.

손문은 간염 악화로 기차에서 쓰러지고 눈 내리는 날 들것에 실려 등장한다. 그 뒤를 묵묵히 경령이 따르고 있다. 손문은 죽음을 맞이하고 경령의 곁에 있던 소중한 남자들, 즉 아버지 · 남편 · 아들 모두가 그녀의 곁을 떠나자 그녀는 몹시 슬퍼한다. 손문은 유서에서 자신이 중국의 자유와 평화를 위해 40년간 혁명했지만 아직 혁명이 성공하지 못했으니 계속해서 혁명활동을 해주기를 부탁한다. 손문이 경령에게 "당신과 결혼한 날을 평생 잊지 못할 것이다. 내가 당신에게 남겨주는 건 단지 책과 명예밖에 없다."라고 말하자 경령은 "책 위에 흘린 피와 행복한 추억들이 더 있다."고 말한다. 손문이 덧붙여 자신의 이상과 꿈도 있다고 말하자 경령은 그것으로 충분하다고 한다. 이에 손문은 흡족해하면서 숨을 거둔다.

장개석과 미령은 말을 타며 사냥을 한다. 장개석이 말을 타고 빨리 달리면서도 사냥감을 쏘아 죽이자 미령이 그 비결이 뭐냐고 묻는다. 장개석은 말을 타고 달리면서도 사냥감에서 눈을 떼지 않으면 잡을 수 있다고 말한다. 장개석은 이미 결혼한 남자이고 이미 여러 곳에 여자를 둔 사람이지만 그는 미령에게 청혼을 하고 결혼에 대한 몇 가지 조건을 받아들인 후 결혼하게 된다. 그녀의 어머니가 그에게 제시한 조건은 첫 번째, 미령만을 사랑해야 하며 두 번째, 지금 살고 있는 부인과 이혼을 해야 하고 세 번째, 기독교 신자가 되어야 한다는 것이다

어느 날 밤 장개석은 성경 속 한 구절인 "너희들 중 누구든지 죄 없는 자는 나와서 저 여자를 돌로 쳐라."를 읽으면서 공산당을 죽여 버린다. 경령과 인사를 나눈 어린이와 남자는 누군가가 던지는 폭탄을 맞아 남자는 죽지만 아이는 살아남는다. 이와 같은 모습을 목격한 경령은 치를 떨면서 바라볼 뿐이었다. 경령은 담배를 피우고 있다. 기자들이 등장하고 경령은 모두의 앞에서 국민당원 일부가 손문의 유지를 어기고 공산당을 죽인다고 하며 국민당 탈퇴를 결심한다. 그녀는 공개적으로 장개석에게 반대 의사를 표명한다. 경령은 장개석과 미령의 결혼을 반대하고 러시아로 떠난다.

미령과 장개석의 결혼은 성대하게 치러진다. 결혼식이 끝나고 무도회장에서 다정히 춤을 추는 두 사람을 보고 있던 남자 하인 둘은 미령의 신발에 달린 큰 진주가 자희의 왕관에서 뜯어낸 것이란 이야기를 하고 카메라는 계속해서 미령의 신발에 달린 진주를 클로즈업한다. 경령은 러시아에서 신문 속의 사진을 보고서 둘의 결혼 소식을 접한다.

일본은 계속해서 동북으로 진군하고 장개석은 공산당을 물리친

후 일본과 싸우기로 결심한다. 그런 탓에 일본군은 계속 진군할 수 있었다.

그들의 어머니마저도 병상에 눕게 되고 다시 만난 경령과 미령은 어머니를 위해 피아노 연주를 한다. 옆에서는 애령이 바이올린을 켜고 옛날 어머니에게서 배울 때의 광경이 되살아나며 아버지가 죽음을 맞이했던 것처럼 흔들의자가 클로즈업 된다.

다시 화면은 바뀌고 비 오는 날 세 자매는 월병(月餅)을 준비한다. 장개석이 올 줄 몰랐던 경령은 그를 보자 자리를 피한다. 하지만 장개석은 그녀에게 다가와 인사를 하고, 공상희는 경령에게 공산당 때문에 생필품이 모자란다며 공산당 파업중지를 당부한다. 하지만 경령은 파업의 자유는 당연한 것이라 말한다. 이어서 경령은 장개석에게 국민당이 공산당원들을 죽이는 사실을 비난하고 장개석 역시 지지 않고 공산당은 엉터리이고 위험하며 인간의 이성을 해친다고 말하며 그녀와 함께 격렬한 논쟁을 벌인다. 장개석은 "상을 줄건 주고 벌을 줄건 벌줘야 한다."고 말하면서 먹으려고 했던 꽃게를 힘껏 자른다. 꽃게를 자르는 모습에서 장개석의 공산당에 대한 잔혹함을 볼 수 있다. 이어서 그는 경령에게 탈당했으니 자신의 일에 관여하지 말라고 한다.

세 자매는 영어로 자신들의 의사를 표현하자 이에 화가 난 장개석은 중국어로 말하라며 그들을 다그친다. 경령은 이에 중국의 많은 사람이 공산당을 숭배한다고 말하자 장개석은 이렇게 말한다. "30살 이전에 공산당을 믿으면 낭만적이지만 그 이후에도 계속해서 공산주의을 믿으면 그건 멍청이다."라는 말을 듣고 경령은 나가버린다. 장개석은 자신이 그녀와 계속 싸우게 될 것을 예견한다. 경령은 꽃을 산다. 여기서부터는 화면의 변화가 매우 빨리 바뀐다. 차안에서는 경령을 죽이지 말고 불구가 되도록 하자는 말이 오가고 있다.

식탁에서 장개석은 미령에게 경령이 살해될지도 모른다고 단언한다. 차가 경령의 뒤를 따른다. 미령은 그녀가 다치면 가만히 있지 않을 것이라고 장개석에게 단호하게 전한다. 장개석은 부하가 그녀를 죽여도 책임을 못 진다고 말하며 그것은 그녀가 자초한 일이라고 한다. 그녀 앞에 오던 차가 후진해서 간다. 부모님 묘지 앞에서 미령과 만난 경령은 또 다시 다투게 된다.

국민당은 공산당을 계속 탄압하고 그들과 싸움을 한다. 그 동안 일본은 계속해서 진군을 한다. 밖에서는 "동족(공산당 및 홍군)을 해치지 말자"는 시위가 벌어지고 장개석과 미령은 그들을 보며 불안해한다. 드디어 미령은 일본문제를 먼저 해결하고 나서 공산당과 싸우라고 건의하지만 장은 명나라가 일본을 먼저 물리치자 만주족이 쳐들어와 망했다고 하면서 반대한다. 장의 부하인 장학량(張學良)은 공산당과 정전(停戰) 협약을 맺으려 하지만 장개석은 중국은 국토가 넓고 인구가 많으니 일본은 맘만 먹으면 언제든지 칠 수 있다고 말하고 차에 올라 타버린다. 길에는 온몸에 불을 붙이고 '공산당과 휴전하고 일본과 싸우자'는 시위가 있지만 그는 무시하고 지나간다.

장개석이 서안(西安)에 구금된 것을 계기로 세 자매는 다시 뭉친다. 장개석을 서안에 구금한 것은 장학량의 짓으로 이는 공산당과 국민당이 연합해 일본과 싸우자는 그의 의견을 관철시키기 위한 것이다.

국민당 군인은 서안을 폭격하겠다고 말하자 공상희는 장개석이 그곳에 있기 때문에 안 된다고 반대한다. 미령은 이미 출군했던

20개 사단을 다시 불러들이라 명하고 담배를 피우며 자기가 직접 서안으로 가서 협상하겠다고 말한다. 경령은 미령을 불러 그 문제를 모의하고 그날 밤 미령은 비행기에 탑승하면서 아화(자기의 하인)에게 무슨 일이 생기면 자신을 죽이라고 명하며 서안으로 간다.

그녀를 맞이하는 군인들은 장개석이 있는 곳으로 데려가고 둘은 포옹을 한다. 장개석은 그녀에게 남경(南京)의 소식을 묻고 그녀는 지금 시위가 한창이며 적은 공산당이 아니라 일본이라며 공산당과 협조하라고 설득한다.

마침내 장개석은 장학량과 합의하여 석방되고 제2차 국공합작이 성립된다. 계속된 일본군과의 전쟁을 위해 거리에서는 구국기금을 모으는 운동이 전개되고 세 자매는 전쟁고아들에게 먹을 것을 나누어준다. 그것을 받아든 아이들은 감사인사를 하고 세 자매는 여기서 우애를 다진다.

세 자매는 많은 군인들 앞에 서 있다. 공상희는 그들에게 자신이 선물한 전투모를 쓰고 꼭 일본군에게 이기라고 말한다. 곧이어 일본군의 폭격이 일어나고 8년간의 항일전쟁 후 일본은 투항한다. 그 후 국공내전(國共內戰)은 계속되고 공산당이 결국 승리해 장개석은 타이완(臺灣)으로 피신을 갔다.

3. 영화 내용 분석

영화의 시작은 1981년 베이징(北京)에서 죽음을 앞에 두고 있는 송경령(宋慶領)이 뉴욕에 있는 미령을 부르면서 시작된다.

송경령의 회상은 제국주의 배척운동을 하던 어린 시절로 돌아간다. 이 부분에서 아직 어리지만 세 자매의 다른 길을 보여준다. 외국에서 들여온 인형을 태우면서 경령은 자신의 인형을 태우기 싫어하는 미령의 인형을 빼앗아 불길 속에 던지고, 애령은 태우는 척 하면서 살짝 숨긴다. 여기에서 처음으로 우리는 두 자매의 상이한 가치관을 발견할 수 있다. 첫딸 애령은 물질적인 것을 소중하게 여기고 둘째 경령은 나라와 이념을 중시한다는 것을 알 수 있다.

제국주의를 배척하자고 외치면서 혁명가인 친구를 도와주는 아버지는 혁명을 위해 발 벗고 나서는 운동가의 모습을 하고 있다. 찰리 송(Charles Jones Soong)으로도 불리는 송가수(宋嘉樹)는 1866년 가난한 상인집안에서 태어나, 9살 때 차·생사의 판매점을 경영하는 친척의 양자가 되어 미국 보스턴으로 건너갔다. 그러나 장사에 흥미를 느끼지 못하고 그곳을 도망쳐 나와 전전하다가 주위의 도움을 입어 테네시 주에 있는 반더빌트(Vandervilt)대학에서 신학공부를 마쳤으며 1886년 전도사가 되어 귀국하였다.

귀국 후 상해(上海)에서『만국공보(萬國公報)』의 발행인으로 유명한 알렌(Y.J.Allen) 밑에서 전도사로 일하였으나, 중국인에 대한 차별대우와 알렌의 권위주의적 태도에 불만을 느껴 독자적인 전도활동을 하기 위해 사임하였다. 그 후 상해에서 인쇄소와 제분공장을 경영하는 부르주아로 성장하였고 한편으로 혁명운동에 뜻을 두고 손문의 혁명활동을 원조하였다.9)

제국주의를 배척하자던 아버지는 세 자매에게 서양 문물을 배

---

9) 陳民·劉家泉·趙楚雲 編著, 『宋慶齡年譜』, (北京 : 中國社會科學出版社, 1986), p.22.

우게 한다. 신여성을 외치면서 말이다. 미국 유학은 세 자매의 인생을 바꾸는 중요한 계기가 된다. 첫째인 애령은 외국에서 만난 공자(孔子)의 후손이자 은행업을 하는 재력가인 공상희(孔祥熙)를 만나 결혼을 하게 된다. 그 사이 1911년 중화민국이 건립되고 손문은 임시총통이 된다. 변발(辮髮)을 자르는 운동에 아버지는 앞장서고, 애령의 결혼식에서 아버지는 그 동안의 공적을 인정받고 신여성인 딸들을 칭찬한다.

어느덧 손문은 쫓겨나듯 원세개(袁世凱)에게 총통자리를 내어주고 일본으로 도피하고 애령의 뒤를 이어 경령이 그의 비서 역할을 하게 된다. 경령은 아버지의 극심한 반대에도 불구하고 손문과 결혼을 한다. 한편 경령의 아버지는 손문이 혁명에 송가(宋家)의 힘을 이용한다고 믿고, 손문 및 딸과의 인연을 끊게 된다.

1915년 송경령은 본부인과 3명의 자녀가 있는 27세 연상인 손문과 결합하기 위하여 부모의 반대를 무릅쓰고 집을 몰래 뛰쳐나와 그와 결혼하였다. 이 같은 사실은 과감하게 구식 사고방식과 행동에서 벗어나 사랑과 의지를 추구하는 것이 여성의 권리임을 보여준 것이며 또한 여성해방에 있어서 주목해야 할 실천적 사례가 되었던 것이다.

결혼 후 송경령은 손문과 함께 혁명활동을 통해 얻어진 결론을 옹호하고 발전시켜 나감에 있어서 단지 충실한 아내, 비서 추종자만이 아닌 혁명적 동지, 참모로서 일했음을 알 수 있다. 그녀는 결코 손문보다 후진적이지 않았으며 때로는 그녀의 견해가 더 앞서가는 손문을 고무하였고 영향을 끼쳤던 것이다.

손문은 쫓기는 과정에서 경령과 헤어지게 되고, 그녀를 기다리는 과정을 보여주면서 걱정하는 그의 모습 뒤로 장개석(蔣介石)

이 처음 등장하게 된다. 경령은 드디어 손문을 만나고 부하 15명과 자신의 아이까지 죽었다고 말한다.

송경령은 민족의 운명과 그 민족의 앞날이 아동의 교육사업과 아동복지에 있다고 보고 그 개선에도 노력하였다. 그녀는 아동보건, 아동학대, 아동교외교육 및 아동 도서출판 등에 관심을 갖고 실험적이고 시범적인 사업을 시작하여 부유보건원(婦幼保健院)·모범탁아소 등을 여공 집중지역에 설치하고 아동을 위한 문화 사업을 열었던 것이다. 그중 특히 ≪아동시대(兒童時代)≫라는 어린이 잡지를 창간하여 아동정서 함양에 일익을 담당하였다. 또한 아동복지센터의 기초 위에 소년궁(少年宮)을 만들어 예술·과학·기술·교육 부문의 70여 항목의 취미분야를 갖추고 아동들의 과외활동 장소로 크게 활용하게 되었다. 그녀는 국가적으로 '중국인민보위아동전국위원회(中國人民保衛兒童全國委員會)' 주석의 임무를 1951년부터 계속 맡았다. 송경령은 그녀 자신이 한 명의 자녀도 갖지 못했지만 어린이를 진정으로 사랑하였던 것이다.[10]

시간이 흘러 중국의 기술로 만든 비행기가 시험비행을 하는 장소에 세 자매는 모두 참석하게 되지만, 경령만이 자진해서 비행기에 오른다. 걱정을 하는 손문에게 중국이 만든 것을 믿지 않느냐는 말에서 그녀의 중국 사랑을 온몸으로 알 수 있었다.

아버지의 죽음 이후 경령은 남편마저 잃게 된다. 손문 서거 후 그녀는 "선생과 결합한 것은 중국혁명과 결합한 것이다. 나는 그의 유지를 계승하여야 한다."라고 하였다. 그리고 그러기 위해 "뜻은 선생의 뜻을 따르며 선생의 행함대로 한다."이며 그것은 민족독립

---

10) 李陽子 著, 『宋慶齡研究 - 정치·사회활동과 그 사상 - 』, (서울 : 一潮閣, 1998), 154쪽.

을 쟁취하기 위함이고 인권보장을 쟁취하기 위함이라고 하여 그녀
는 스스로 손문의 혁명사상의 충실한 계승자가 되고자 하였다.

손문의 죽음과 그 후, 장개석의 부상(浮上)은 자매간의 사이는
물론 경령과 장개석과의 사이에 불화를 이끌어낸다. 경령은 손문
의 뜻을 받아들여 공산당과 통합해야 한다고 주장하였으나 장은
공산당을 없애야 한다는 반공사상을 가지고 있었다. 어머니와 애
령은 미령의 남편으로 장개석을 받아들이고 찰리 송의 성경책을
주면서 읽기를 요구한다. 장개석은 성경책을 읽으면서 사랑의 실
천과는 상이하게 공산당원을 살해했고 경령에게 그녀의 생각을
바꾸라고 강요한다. 명절에도 만나서 싸우는 그들 때문에 미령은
마음고생을 심하게 하게 된다.

경령은 장개석에 반대하여 국민당을 탈당한다는 기자회견을 하고
러시아로 떠나게 된다. 경령이 떠나고 난 뒤 장개석과 미령은 결혼
식을 올리게 되고, 중국 내에서는 경령이 재러동포 진우인(陳友仁)
과 결혼을 하여 조국을 배신한 여자라고 소문이 나게 된다.11)

시대상 일본이 중국을 침범해 왔음에도 불구하고, 장개석은 공
산당 처리에만 몰두한다. 그러는 사이에 일본은 계속해서 진군을
한다. '공산당과 휴전하고 일본과 싸우자'는 시위가 있지만 그는
여전히 무시한다. 이런 행동에 장개석을 서안에 구금시킨 장학량
은 국민당과 공산당이 연합하여 일본과 싸우자는 의견을 관철시
키기 위해 서안사변(西安事變)을 일으켰다. 경령의 도움으로 미령
은 위험을 무릅쓰고 서안으로 가서 구금된 장개석을 설득하여 마
침내 장은 장학량과 합의하여 석방되고 드디어 제2차 국공합작이
성립된다.

---

11) 이양자 편역, 『송경령과 하향응』, (부산 : 신지서원, 2000), 25쪽.

1935년 '내전중지·일치항일'을 부르짖는 베이징 학생의 12·9 운동으로부터 여성구국회연합결성을 위시한 구국회 활동이 활발했는데, 그 지도자 7인의 체포에 항의하여, 송경령은 '구국입옥(入獄)운동'의 선두에 섰다. 이때의 송경령은 중국공산당과 해방구(解放區)를, 국제적인 반파시즘 세력이나 국민당 치하의 항일민주세력과 연결시키는 데도, 큰 역할을 해내고 있었다. 곧이어 일본군의 폭격이 일어나고 8년간의 항일전쟁 후 일본은 투항한다. 그 후 국공내전은 계속되고 결국 공산당의 승리로 장개석은 타이완으로 피신을 갔다.

4. 결 론

「송가황조」는 중국근대사를 관통하고 있지만 난세를 헤쳐 가는 세 자매의 삶, 로맨스에 중점을 두고 있다. 중국근·현대사의 역사적인 사실들을 간략하게 편집하고 세 자매가 남편을 선택하고 인생의 방향이 어떻게 달라졌으며, 그래도 소중하게 지켜가려고 했던 송씨 집안의 가족애(家族愛) 등이 중심이 된다.

뛰어난 능력과 야망을 지닌 자매는 모두 중국을 움직여 갈 남자들과 결혼한다. 그들이 어지러운 역사를 온몸으로 맞는 것은 남편들 때문만은 아니다. 미국 유학파인 자매는 배운 지식으로 신중국을 건설하고자 했던 여성들이다. 혁명도 그들에겐 일종의 사랑이었다. 그러나 혁명과 전쟁의 시대는 다정했던 세 자매의 삶과 우애에 치명적 상처를 입힌다.

극중에서도 가장 안타까운 비극은 송경령과 송미령의 반목이다.

오늘날 남북한이 갈라진 아픔과도 같은 것이 아닐까 싶다. 자매가 서로 다른 입장에 서서 중국을 지켜나갈지는 몰랐을 것이다. 국공내전 이후 10년간 갈라섰던 자매들은 국공합작 때 잠깐 뭉치지만 이내 다시 미움의 감정을 품은 채 각자의 길을 간다. 그것은 자매의 비극이자 중국의 비극이다.

「송가황조」는 송씨 집안을 배경으로 중국근대사의 사건들을 웅장하게 재현한다. 만주군벌 장학량에게 납치된 장개석을 송미령이 배짱담판으로 석방시키고 장개석이 탄 비행기가 남경(南京)공항에 착륙하려 할 때 100여 대의 자동차 헤드라이트를 긴급 동원하는 실화를 토대로 구성한 사건들이 보는 재미를 더한다. 하지만 인물의 삶을 하나의 영화에 들어내기는 힘들었지 않았나 싶다. 송씨 집안은 세 자매 이외에도 남자형제가 있었다.[12] 하지만 그들은 영화에서 등장하지 않는다. 이를 보면 「송가황조」는 거짓은 없지만 다 보여주지는 않은 것이다.

한편 제47회 베를린 영화제 오프닝 작품으로 초대된 「송가황조」는 기립 박수와 함께 열렬한 호응을 받았으며 월드 스타로 급부상된 장만위(張曼玉: 장만옥)의 완벽한 연기가 더욱 돋보이는 작품이다. 국내에 개봉되는 시기도 홍콩의 중국 반환시기와 맞물려 중국·홍콩·타이완 3중국을 가르는 시대였던 대 혼란기를 정리하는

---

12) 큰 아들 송자문(宋子文: 1894-1941)은 미국 하버드대학 출신으로 쑨원의 광동성(廣東省) 정부에 참가한 이래 재정적 수완을 발휘하여, 국민정부(國民政府)의 각 시기에 행정원장 재정부장을 역임하는 한편 중국의 금융을 지배하여 세계적 대부호로 불릴 정도로 재산을 모았다. 그리고 2남, 3남인 송자량(宋子良), 송자안(宋子安)도 차례로 미국에 유학하였고 금융인으로 활약하였다. 송씨 집안의 자녀들은 각기 다른 화려한 경력을 가지고 있었지만, 단 한 가지 공통된 점은 그들 모두가 미국에 유학하여 높은 교육을 받았다는 사실이다.

'역사의 지침서'로서 본래의 국적을 되찾는 시점에서 다시 중국의 근·현대사를 되새겨 볼 수 있어 더욱 의미 있는 영화라고 여겨진다.

II. 신해혁명 및 국민당과 공산당의 합작

1. 손문(孫文, 쑨원 : 1866-1925)

전제왕정은 2천년 만에 무너지고 중국은 새로운 시대로 돌입하는 길목에 섰다. 이러한 역사적 변동에 중심적인 역할을 수행했던 사건과 인물은 1911년의 신해혁명과 손문이었다.

손문의 자는 중산(中山)이며, 1866년 광동에서 태어났다. 그는 일찍이 홍콩과 하와이에서 서양의학 등의 신식교육을 받았다. 그리고 한동안 의사로 활동하다가 1894년 북경으로 올라가 정치혁신을 주장했으나 그의 주장은 받아들여지지 않았으며, 이때 그는 흥중회(興中會)라는 혁명단체를 결성했다.

20세기가 시작되면서 중국과 해외에서는 각종 혁명단체가 우후죽순처럼 생겨났다. 특히 1904년 러시아에 대한 저항운동이 확산되면서 혁명기운은 더욱 무르익었다. 이미 일본으로 건너와 활동하던 손문은 혁명운동의 구심점이 될 만한 조직을 결성하기로 작정하고 이를 행동에 옮겼다.

드디어 1905년 유학생 등 100여 명이 모여 도쿄에서 중국동맹회(中國同盟會)를 조직하고 손문을 대표로 뽑았다. 그리고 동맹회의 기관지로 ≪민보(民報)≫를 발간하기 시작했으며, 그 창간호에서 손문은 혁명의 기본전략으로 삼민주의(三民主義)를 제시했다.

삼민주의란 민족주의, 민권주의, 민생주의를 요약한 개념으로서, 외세를 몰아내고 중국 자주권의 확립을, 전제정치를 붕괴시키고 국민대표의 운영에 의한 정치체제의 수립을, 평균지권(平均地權)을 축으로 경제적 평등 촉구를 각각 목표로 삼았다. 이들 3자는 상호보완적인 것으로 삼민주의를 통해 손문은 결국 중국혁명의 기본방침을 제시했던 셈이다.

바야흐로 혁명은 조직과 이념을 갖추었고, 그 중심인물은 손문이었다. 이 무렵 무창(武昌)에서 군사봉기가 거의 우발적으로 발생했고, 그 여파는 곧 전국적으로 파급되어 마침내 청조가 타도되었다. 신해혁명 직후 그는 혁명정부의 대총통으로 추대되었다.

그러나 혁명의 길은 순탄하지 않았다. 혁명세력과 기득권이 타협하여 공화정의 지도자로 추대한 원세개(袁世凱: 위안스카이)가 제정(帝政) 복귀쿠데타를 일으킴으로써 중국혁명의 험준한 길을 극적으로 예시했다. 손문과 황흥은 일본으로 도피하여 원세개를 타도하고자 군대를 조직하고 군사적 행동을 준비하였으나(2차 혁명) 원세개의 돌연한 죽음으로 공화정은 유지되었지만 여전히 혁명의 길은 요원해 보였다.

손문은 1918년 국민당을 조직하고 혁명의 완성을 위해 박차를 가했다. 그리하여 공산당과 국민당이 합작하는 이른바 제1차 국공합작을 1924에 성사시켰다.

불행히도 혁명의 완성을 보지 못한 채 손문은 1925년 3월 12일 숨을 거두었다. 그가 죽은 지 얼마 후 국민당과 공산당은 분열되고 이후 항일전 기간 중 일시 국공합작이 이루어졌지만 끝내 완전한 통합으로까지 발전하지는 못했다. 결국 국민당과 공산당

간의 치열한 내전을 거쳐 1949년 중화인민공화국이 출범하기에 이르렀지만 손문과 신해혁명 없이 이러한 역사발전이 불가능했음은 물론이다.

2. 신해혁명(辛亥革命)

1911년 10월 10일 무창에서 일어난 이 혁명으로 청조가 타도되고 아시아에서는 첫 번째 공화정인 중화민국(中華民國)이 수립되었다. 신해혁명의 출발점은 손문의 초기 혁명운동으로 그가 조직한 흥중회가 중심이 되어 시작되었다. 1905년 일본에서 혁명단체인 흥중회·화흥회·광복회가 통합되어 중국동맹회를 조직하고 혁명운동을 확산시켰다.

혁명파들이 국내로 들어와 혁명단체를 조직하고 혁명사상을 전파하는 가운데 당시 중국인들이 민간자본으로 건설하던 철도공사가 진척을 보이지 않자 청 정부는 이를 국유화하고 차관으로 건설하려 했다. 이에 사천(四川)에서 철도국유화에 반대하는 보로운동(保路運動)이 일어나 폭동으로 확대되었다. 폭동진압을 위해 무창에 주둔하던 군이 사천으로 출동했는데 그 틈을 이용하여 신해혁명이 일어났다. 따라서 신해혁명은 무창기의(武昌起義)라고도 부른다.

신해혁명은 혁명파 외에도 신군, 입헌파·옛 관료·화교 등이 지지하여 성공하게 되었다. 이 때문에 오히려 혁명적이지 못한 결과를 초래하여 청조만을 타도했을 뿐, 중국 사회의 근본적인 변화를 가져오지는 못했다. 또한 민족부르주아 세력의 미성숙과 혁명파의 내분, 보수파의 타협으로 실패했다.

신해혁명의 역사적 의의를 살펴보면 다음과 같다. 신해혁명은 자산계급 민주주의혁명이다. 이 혁명의 목적은 자산계급이 영도하는 민주공화국을 건립하여 자본주의를 발전시키려는 데에 있었다. 그러나 중국의 민족자산계급의 중하층은 아직 너무 연약했고, 그들은 민중의 역량을 꺼려 민중을 발동시키거나 그들에 의존하려 하지 않았다. 또한 제국주의와 봉건주의를 두려워하여 이 두 가지 혁명의 적에 대해 모두 타협적인 태도를 취하였다. 바로 이 때문에 혁명의 결실을 원세개에게 빼앗겼고 결국 혁명은 실패하고 만 것이다.

신해혁명은 비록 실패하였지만 역사적 의의는 매우 크다. 그것은 청조의 반동 통치를 무너뜨렸을 뿐 아니라 2천여 년에 걸친 황제지배체제에 종지부를 찍었다는 점에서 더욱 중요성을 갖고 있다.

신해혁명은 비록 독립된 공고한 민주공화국을 건설하지는 못하였다. 그러나 민중에게 민주공화국의 이상을 제시하였다. 즉 혁명 중에 민중은 교육되었고 사상의 해방을 얻었다. 이로 인해 민주주의의 정신이 높이 솟구쳐 나왔다. 신해혁명 이후 원세개는 황제가 되려고 생각하였지만 결과는 모두 민중의 반대에 부딪쳐 실패하였다.

신해혁명은 우리에게 커다란 교훈을 안겨 주었다. 중국혁명은 반드시 중국 노동자 계급과 그들의 선봉대-중국공산당이 영도해야만 비로소 철저한 승리를 얻을 수 있다는 것을 역사의 전개는 충분히 증명해주었다.

3. 장개석(蔣介石, 장제스 : 1887-1975)

본명 중정(中正). 절강성 봉화현에서 출현했다. 1906년 보정군 관학교에 입학하고 다음해 일본에 유학했다. 그 무렵 중국혁명동맹회에 가입하고 1911년 신해혁명에 참가했다. 1918년 손문의 휘하에 들어가 주로 군사 면에서 활약했고, 1924년 황포군관학교 교장을 거쳐 1926년 국민혁명군 총사령에 취임하면서 북벌을 개시했다.

1927년 4·12 상하이 쿠데타[13]를 일으켜 공산당을 탄압하였으며, 1928년 북경을 점령했다. 남경 국민당 정부주석과 육해공군의 총사령이 되어 국민당과 정부의 지배권을 확립했으며, 한편으로는 지방군벌을 누르고, 1930년부터는 5회에 걸쳐 대규모 중국공산당 포위전을 수행했다. 또한 만주사변 후 일본의 침공에 대해서는 "우선 내정을 안정시키고 후에 외적을 물리친다"는 방침을 세우고 군벌을 이용하여 오로지 국내통일을 추진했다.

그러나 "내전정지(內戰停止) 일치항일(一致抗日)"을 외치는 여론이 높아진 가운데 1936년 독전을 위해 서안(西安)에 갔다가 장학량(張學良)의 군대에 감금을 당하는 사건이 일어났으며, 그 결과 1937년 국공합작으로 총사령관의 책임을 맡고 전면적인 항일전을 개시하였다.

제2차 세계대전 이후 1946년 다시 중국공산당과 결별하고 내전을 개시하였다. 처음에는 우세하였으나 1949년 12월 완전히 패퇴하여 본토로부터 타이완(臺灣)으로 정부를 옮겨 미국과의 유대

---

13) 장제스는 공산당과 노동운동을 진압하기 위해 군대와 깡패를 동원하여 공산당원들을 철저하게 죽인 사건 ⇒ 제1차 국공합작 분열

를 더욱 강화하고, "자유중국" "대륙반공"을 제창하며 중화민국 총통과 국민당 총재로서 타이완을 지배하였다.

4. 서안사변(西安事變)과 제2차 국공합작

중국현대사의 커다란 전환점이 된 서안사변은 1936년 12월 12일 새벽에 일어났다. 장개석에게 내전정지를 설득하다가 거절당한 장학량이 부대를 움직여 장개석을 감금한 것이다.

이 사건으로 '내전정지, 일치항일'의 여론을 극적으로 표현한 것이었다. 그렇지만 중국의 최고 지도자를 감금한 이 괴이한 사건은 전 세계에 강렬한 충격을 주었다.

장학량은 몇 차례나 장개석에게 내전 중지와 정치범 석방을 건의하였으나 받아들여지지 않았다. 그동안 재야 지식인들과 학생들은 국민당 정부의 초공작전에 반대하면서 내전을 중지하고 일치단결하여 항일에 나설 것을 강력하게 요구하였다. 특히 공산당의 항일민족통일전선 주장에 영향을 받아 내전중지 주장이 확산되었고, 학생들의 시위운동이 빈번하게 일어났다. 그러나 장개석은 '선안내(先安內) 후양외(後攘外)'를 고집하며 초공작전을 계속하는 한편, 이에 반대하는 사람들을 체포하였다. 만주를 침략하고 중국 침략을 노리는 일본에게 항거하라는 국내 여론에도 불구하고 초공작전에만 진력한 장개석은 마지막 작전을 독려하기 위해 1936년 12월 12일 서안에 왔다. 이때 동북군 장학량과 서북군 양호성(楊虎城)이 장개석을 감금하고 남경 국민당 정부의 개조, 내전 중지, 언론·출판·집회·결사의 자유 등을 요구하였다.

남경의 국민정부에서는 장개석의 생명의 안전을 무시해서라도 장학량을 토벌해야 한다는 강경파와 평화적 해결을 바라는 풍옥상(馮玉祥)·송미령 등이 대립하였다. '핍장항일(逼蔣抗日: 장개석를 항일의 길로 밀어 넣어줌)'을 부르짖던 공산당 내에서도 뜻밖의 사태 반전에 허둥대며 장개석의 공개재판 및 처형을 요구하는 소리마저 있었다.

이 위기를 구해준 것이 공산당이었다. 장학량의 의뢰를 받고 17일 시안으로 날아온 주은래(周恩來)는 '단결항일이라는 토대에 입각한 평화적 해결'을 모색하여 장개석을 설득하는 한편, 남경대표의 **송자문(宋子文)·송미령** 등과 절충을 거듭하여 합의에 이르렀던 것이다.

다음해 1937년 2월, 공산당은 국민당 5기 3중전회를 향하여 공동구국이 실현되면 ① 반 (反)국민정부의 무장폭동을 정지한다. ② 노농민주정부를 중화민국 특구(特區)정부로, 홍군을 국민혁명군으로 개칭하여 남경정부의 지도를 받는다. ③ 특구정부의 구역 내에서는 보통선거에 의한 민주제도를 실시한다. ④ 지주의 토지 몰수를 중지한다는 4항목을 제안하고, 국민당은 이를 받아들였다. 이리하여 중국은 간신히 '일치항일'을 실현하고, 일본군의 전면적인 공격이 시작된 9월에 정식으로 제2차 국공합작, 즉 항일민족통일전선을 결성하게 되는 것이다.[14]

---

14) 小島晋治·丸山松幸 著, 박원호 역, 『中國近現代史』, (서울 : 지식산업사, 1994), 140-142쪽.

7. 국공내전

1946년 7월 전면적인 내전이 시작되고 나서 약 1년간은 국민당군이 압도적인 형세로 진격하였다. 총병력 430만 명, 그 가운데 미군의 최신 장비를 지닌 정규군이 200만 명, 이에 대하여 공산군은 120여만 명에 일본군으로부터 빼앗은 구식장비가 중심이었다. 미국은 국민정부에 20억 달러의 원조를 제공한 외에도 군사고문단을 파견하여 잉여군사 물자를 방출하였다. 공·해군은 내전을 위하여 이동하는 국민당군을 수송하였다.

이리하여 국민당군은 10월에 장가구(張家口)를 공격하고, 장개석은 남경의 군사회의에서 "5개월 이내에 중공군을 전멸 시킨다"고 발언한 대로 1947년 3월에는 공산당이 10년간 수도로 삼아왔던 연안마저 점령하니, 장개석의 의도는 실현되는 것처럼 보였다.

1948년에 들어 형세는 확실히 역전되었다. 동북·화북·중원·산동·서북의 각 전장에서 인민해방군은 승리를 거듭하고 해방구는 더욱 더 확대되었다. 병력도 국민당군 365만에 대하여, 280만이나 되어 거의 차가 없어지고 말았다. 거기에다 국민당군은 점재(點在)하는 대도시의 방어 때문에 발이 묶여서 전투의 주도권을 완전히 잃고 있었다.

1949년 1월 1일 장개석은 마침내 총통을 사임하고 이종인(李宗仁)을 총통대리로서 화평교섭을 벌이도록 하였다. 국공화평교섭은 4월 1일부터 열렸으나 공산당은 '모든 반동파를 일소(一掃)한다'는 방침에 기초하여 국민당의 사실상 무조건 항복을 강요하는 '국내평화협정초안'을 제출하고, 국민당이 이를 거부한 4월 20일 전 해방군에게 총진격을 명령하였다. 해방군은 일제히 무너져 도망가는 국민당군을 쫓아 남하를 계속하여 12월까지는 타이완을 제외한 거의 전토를 해방시켰다.

8. 모택동(毛澤東, 마오쩌둥 : 1983-1976)

1893년 12월 6일 호남성 상담현에서 3남 1녀 중 장남으로 태어났다. 상담현은 매운 음식과 담배로 유명한 곳이며, 모택동 또한 지독한 골초였다. 중국식 사주팔자에 의하면 투쟁과 위대한 승리의 운명을 가졌다고 한다.

그는 어릴 때부터 무조건적인 유교적인 효의 관습을 받아들이려고 하지 않았다. 어머니로부터 약간의 도움을 받은 그는 아버지의 반대에도 불구하고 16세에 집에서 50리나 떨어진 신식학교에 들어갔다. 그는 거기서 중국 역사와 함께 수천 년에 걸친 이데올로기에 대하여 배우게 되었다.

초기의 모택동은 홍군들에게 생존 수칙, 즉 ① 명령에 절대 복종할 것. ② 민중으로부터 바늘 하나 실 한 개라도 빼앗지 말 것. ③ 사용한 물품은 반드시 돌려 줄 것 등이었다. 그때까지 인민들은 군인들은 약탈자, 살인자, 강도로 생각하였으나 모택동의 홍군은 아주 놀라울 정도로 철저하기 인민을 우대하였기 때문에 홍군은 농민들의 안심을 얻을 수가 있었다.

1930년 장개석은 홍군을 섬멸할 계획의 일환으로 초공격전을 개시하였다. 장개석의 지휘하의 국민당 군대는 수적으로 10대 1로 우세했으나 연속해서 4번이나 홍군의 토벌작전에 실패를 거듭한다. 장개석은 이젠 전술을 바꾸어 '초토화 정책'을 채택하여 그의 군대가 지나가는 곳마다 땅위에 있는 모든 것을 칼로 저며 나갔다. 홍군이 장개석 군대에 포위되자 모택동은 어찌할 것인가를 결정하기 위해 회의를 소집하였다.

1934년 8월, 장시간의 회의 끝에 내린 결론을 내린바 10만이나 되는 전 병력이 한 장소에 집결하여 무기와 약간의 소지품을 등에 짊어진 채 칠흑 같은 어둠 속의 빗줄기를 뚫으며 적진을 가로질러 나갔다. 이렇게 시작된 것이 바로 대장정이다.

홍군은 퇴각하기 시작했다. 장개석 군대는 발뒤꿈치까지 따라붙었다. 홍군은 끊임없이 추격당하면서 폭격 당하고, 굶주림과 질병으로 죽어갔다. 이제 홍군의 목표는 오직 하나 살아남는 것!

그들은 1만 킬로미터를 걸었다. 그들은 쫓기면서도 곳곳에서 국민당과 전투했고 그들이 통과하는 지역의 군벌들을 제압했다. 좋은 세상이 올 거라고 믿으면서. 18개의 산맥을 넘었고, 24개의 강을 건넜으며 여러 개의 사막과 늪지를 가로질렀다. 여자들은 거의 다 죽었고 아이들은 길가에 버려졌다. 이 끔직한 장정 동안 8만 명의 홍군이 죽었다. 최종적으로 연안에 도착한 병력은 출발 당시 홍군 병력의 1/5도 못 되었다.

어쨌든 국민당의 포위는 뚫었고 그리고 대장정에 오른 지 368일이 지난 후, 연안에서는 새 정부의 단단한 기반이 다져졌다. 이제 사회주의 공화국의 바퀴가 굴러가기 시작한 것이다. 그러나 연안에서는 일본 제국주의라는 더 고약한 적수가 한판을 기다리고 있었다. 장개석은 홍군을 제거하고 싶어 했고, 모택동은 장개석을 없애고 싶어 했다. 그래서 일본은 유리한 입장이었다.

1936년 12월12일, 장개석은 자기의 동맹자인 군벌 장학량 등에게 납치되었다. 이들은 장개석을 사형시키려고 모택동에게 자문을 구했다. 친일 반역죄로 죽음에 직면한 장개석은 공산주의에 대한 토벌작전을 취소하고 제2차 국공합작이 이루어졌다. 모택동은 "국민당은 확실한 계획도 내용도 없는 허깨비 집단입니다. 다만 완강할 뿐이지요. 근본적으로 그들은 깡패에 불과합니다."라고 요약하였다.

1945년 2월 루스벨트, 스탈린, 처칠이 세계를 재분할하기 위해 얄타에 모여들었다. 중국은 미국의 영향 하에 놓여 있었다. 이때 중국의 내분에 초조해진 미국의 중재자들은 모택동과 장개석을 화해시키려고 하였으나 결국 장개석에게 필요한 모든 것을 지원해 주기로 결정하였다.

장개석 군대는 미제무기로 재무장되었고, 장개석의 통치권 회복을 위해 대량의 미군 군수물자가 중국 전역에 보급되었다. 이러한 노력을 쏟은 미국에게는 불행한 일이었지만 1949년에 이르러 중국 대륙의 거의 전부가 또 미국 무기의 대부분이 모택동의 수중에 들어갔다.

마침내 장개석과 그의 잔당들은 도자기와 금 등의 문화재를 싸들고 타이완으로 도망쳤다. 거기서 장개석은 미국의 도움으로 '중화민국'이라는 나라를 세웠는데 이 나라를 '자유중국'이라고도 한다. 1949년 10월10일, 베이징의 천안문에서 모택동은 건국을 선포하였다.

모택동은 1970년 헌법수정초안을 채택하여 1인 체제를 확립하고 중국 최고지도자로 군림했다. 그러나 사망하기 직전인 1976년 4월 주은래(朱恩來, 저우언라이:1896-1976)를 추모하는 천안문사건이 일어나 위대한 영웅 독재자 모택동은 완전히 고립된 채 죽음을 맞이하였다.

제6장. 「남경1937」
: 항일전쟁 시기의 여성운동

I. 「남경 1937」

제 목 : 「南京 1937」(Don't Cry Nanking)

감 독 : 우쯔뉴(吳子牛)

주 연 : 타이한(泰漢), 리우레잉(劉若英)

제작연도 : 1997년

제작사 : 龍祥國際電影有限公司

1. 감독 우쯔뉴(吳子牛)에 대하여

우쯔뉴(1953 -)감독은 사천(四川)성 약산(藥山)에서 태어났다. 그의 할아버지는 대지주였고 부모는 인텔리였다. 그 역시 다른 제5세대 감독들과 마찬가지로 중학생 때 문화대혁명을 겪었고 1969년 하방되어 농사일을 했다. 3년 뒤 고향으로 돌아와서 문예학교를 다녔으며, 1978년 베이징영화학교에 입학하기 전까지 사천성문예 공작반에서 일했다. 베이징영화학교를 졸업한 후 우쯔뉴 감독은 1982년 호난(湖蘭)성 장사(長沙)에 있는 소상영화촬영소(瀟湘

電影制片廠)에 들어갔다. 이곳에서 그는 텔레비전 시리즈물 「아름
다운 청춘」 중 몇 편을 감독했다. 그의 데뷔작인 「후보대원(候補
隊員), 1983」과 두 번째 작품 「검은 계곡(喋血黑谷), 1984」에서는
휴머니즘과 자연으로의 회귀를 강조하는 후기 작품의 특징들이
아직 분명하게 나타나지 않았다.

　1985년에 우쯔뉴 감독은 「비둘기 나무(蛔子樹), 1985」를 만
들었다. 이 영화는 1979년 중국 - 베트남 국경지대에 투입된 중
국 군대의 문제점을 다루고 있다. 그는 하나의 사건을 넘어서서
전쟁 자체에 의문을 제기하고, 애국주의와 이데올로기라는 이름
아래 자행되는 국가 지도자들의 태도를 비판했다. 이 영화는 스크
린에서 사라졌고 1990년대 중반까지 상영되지 못했다.

　「마지막 겨울(最後一個冬日), 1986」에서도 우쯔뉴 감독은 비인
간성과 억압을 주제로 삼았다. 하지만 이 영화에서는 그것을 냉혹
한 세계 속에 살고 있는 개체들을 통해 구체화했다. 또한 그는 「만
종(晚鐘), 1988」에서도 특유의 노련함으로 인간존재의 문제를 다
루고 있는데 1989년 베를린 영화제에서 은곰상을 수상했다. 「즐
거운 영웅(歡樂英雄), 1988」과 그 속편 「음양계(陰陽界), 1988」
은 인간성을 가로막는 사회적 규범과 비이성적 행태 속에서 휴머
니즘을 묘사하고 있다.

2. 영화 줄거리

　한 가족의 모습이 화면에 나타난다. 폐허가 된 집을 보며 성현
(成賢)은 갈 곳이 없어 친구를 찾아간다. 가족의 안부를 묻는 친

구에게 아내는 애를 낳다가 죽었다며 재혼한 일본인 아내를 소개한다. 어이가 없는 친구는 어느 때인데 일본인과 함께 다니는 것을 걱정하면서 친구와 아들에게만 눈길을 주고 길을 걷는다. 경고 사이렌 소리가 울리자 친구는 일본인이 자주 쳐들어와서 그러니 밤엔 나가지 말라고 충고한다.

폭격과 총소리, 그리고 종군 기자들의 모습과 수많은 시체 장면이 보인다. 전세의 상황이 불리하여 가망이 없자 중국군은 후퇴를 결정한다. 이 소식을 보고 받은 사령관은 "반드시 고지를 점령하라."는 유언을 남기고 자살을 한다.

성현은 우연히 길에서 유서금(劉書琴)이라는 여선생님을 만나 아들의 전학문제에 대하여 상의한다. 서금이 상해(上海)의 상황을 묻자 성현은 "상해도 아군은 불리하다."고 말한다.

남경을 이미 포위한 일본군은 상해의 경우 5명 중 1명이 죽었다고 하면서 힘든 전쟁이었음을 회상한다. "석판이란 병사는 타이완(臺灣)에서 징집되었는데 타이완인도 중국인이 아닌가요?"라는 질문에 일본 군인은 "타이완도 일본 영토이므로 일본군이다."라고 말한다.

일본 사령관은 "천황 폐하의 성은에 힘입어 상해 파견군은 위용을 떨칠 수 있었다. 지금까지의 전투는 남경 공략의 전초전이다. 비록 우리가 사력을 다했지만 중국의 주력군은 남경으로 도주했고 지금은 재편성되어 병사가 수만에 이른다는 첩보이다. 따라서 1명도 남기지 말고 죽여라."는 명령을 내린다.

폭격으로 도시가 파괴되고 시민들은 피난길에 오른다. 병원에는 부상병의 수가 점점 늘어나는데 또 공습을 한다는 소식을 듣고 국제안전위원회에서 봉사단이 파견된다. "중국인은 단결심이 강하다. 헌혈자가 줄을 섰기 때문이다."라고 하면서 현 상황에 대하여 대화를 나눈다. 의사인 성현 또한 수술을 하며 부상자를 돕는다.

일본군이 동북 3성을 침입하고 상해를 점령한 후 남경까지 포위하자 독일대사는 빠른 시일 내에 무기를 보내줄 것이라고 일본인 위원장에게 전한다.

서금은 중국군의 군대 막사를 찾아가 애인 천유(天遺)을 만난다. 애인은 서금에게 우선 아이들을 안전한 곳으로 데려가고 휴교를 해야 한다. 그리고 늦기 전에 서금도 안전한 곳으로 피난을 가라고 하지만 혼자서는 싫다는 그녀에게 "나는 군인이기 때문에 싸워야지."라고 한다.

성현의 아들 소릉(小陵)과 함께 방문한 서금은 어머니(理惠子)에게 "사태가 심각할 것 같아서 휴교를 했어요. 아이들을 데리고 피신하세요."라고 말한다. 이어서 진진의 집을 방문한 서금은 "할아버님, 사태가 위험하니 피신을 해야 합니다."라고 하자 할아버님은 "일본은 도적들이다. 세상이 변하고 있다. 남경은 6조의 고도이며 황제가 계시던 곳이다. 하찮은 일본이 넘볼 수 없다. 나는 못 간다. 기껏 도적배가 온다고 유서 깊은 이곳을 팽개치고 떠날 수 없다. 이곳은 중국의 심장이요. 난 중국의 자존심을 지킬 것이다."라고 거절한다.

성현과 일본인 딸 하루코(春子)는 돌아오는 길에 일본인이 잡혀 곤욕을 치르는 장면을 보고 집으로 향한다. 집수리를 하고 있는 아내에게 딸과 성현은 밖으로 나가지 말라고 당부한다. 그러나 아내는 "나와 하루코는 일본인이고, 당신도 일본말을 할 수 있으니 괜찮다."고 하자 남편은 "난 중국인이야."라며 말문을 막아버린다. 이때 아내는 "뱃속의 아이는 어느 나라 사람이죠? 말을 하려는 것 같은데 일본말인가요? 중국말인가요?"라며 성현을 쳐다본다.

일본군 사령관은 일본 군인에게 "제군들! 중국을 감상하도록"이란 말을 하면서 일본의 절과 중국 절과의 유사점 및 중국과 일본 관계를 설명한다. 서기 607년 처음으로 일본은 중국에 정기적으로 사신을 파견했고 그 규모 또한 엄청났다고 한다. 당시 사신들은 불교 사상에 큰 감명을 받아 일본은 많은 절을 짓게 되었고, 그때부터 일본에도 불교가 번창하게 되었다고 설명한다. 곧이어 남경공략의 준비상태를 점검하는데 완료된 상태라는 상황을 보고 받는다.

남경국제안전구(南京國際安全區)에서는 다음과 같은 안내 방송이 흘러나오고 있다. "이곳은 음식과 잘 곳이 충분합니다. 국제안전구는 일본대사관과 보호협정 아래 개설되었습니다. 남경 시(市)와 국제적십자 본부가 합의하여 노약자, 생활유지가 불가능한 분을 보호·수용하는 곳입니다. 봉사단의 인도 하에 질서 정연하게 입장하기 바랍니다."

안전구 내에 마련된 교실에서도 서금은 여전히 어린 학생들을 지도한다. 수업도중 공중에서는 엄청난 수의 전투 비행기가 굉음을 내자 곧이어 전쟁이 시작된다. 열심히 싸우는 중국군들은 일본 탱크를 향해 투신을 하여 목숨을 바친다. 한편 일반 시민들은 남경국제안전구로 모여든다. 진진의 가족도 안전구로 향하는데 결국 할아버지는 혼자 남아 집을 지키기로 한다.

"남경을 함락했어!"라는 일본군의 함성이 터진다. 패잔병은 투항하라는 방송과 함께 집집마다 습격한 그들은 숨어있던 한 가족을 몰살하고 나가려다 울고 있는 갓난아이에게 폭탄을 지어주며 집을 폭파한다. 또 일본 병사는 도망가는 시민에게 총격을 가한 후 '사격 솜씨가 늘었다. 마치 돼지사냥을 하는 것 같아서 그다지 재미가 없다.' 등의 대화를 주고받는다.

한편 주택지를 순찰하던 일본군들은 인기척이 나는 집을 향해 총격을 가하려 하자 부인은 "전 일본인입니다. 쏘지 마세요."라고 일본어로 소리친다. 일본병사는 외출을 삼가고 일장기를 대문에 걸어놓으라고 한 후 다른 집으로 옮겨간다. 위기를 넘긴 성현과 아들은 숨어있던 지하에서 나온다.

패잔병은 즉시 무기를 버리고 투항하라는 방송과 함께 수많은 중국군이 잡혀간다. 포로수용소에서 "중국군 포로가 10만을 넘습니다. 중국인에게 왜 식량을 주나요? 아군의 식량도 부족한데 매일 식량 대기가 무리입니다."라고 의아해 하자 "이건 패잔병을 유인하기 위한 미끼야. 남경에는 수십만의 시민이 있다. 우리 힘만으로는 벅찬 일이다. 남경은 전략거점이다. 우리가 엄하게 다스리면 패잔병들의 저항운동은 기세가 꺾이고 말 것이다. 그것이 우리가 할 일이다. 화근을 뿌리째 뽑도록."이라는 명령을 내린다. 웅덩이를 파서 중국군 포로들을 집결시킨 후 주위를 둘러싼 일본군의 동시 총공격으로 처참하게 수십만의 중국군이 사살 당한다.

점점 심해지는 총소리에 성현은 산모와 태아의 안전을 위해 일본대사관으로, 자신과 아들은 안전구로 가자고 제의하나 가족이니 떨어질 수 없다며 아내는 짐을 꾸려 안전구로 향한다. 길에는 차마 눈뜨고 볼 수 없을 처참한 광경과 시체 썩는 냄새가 진동한다.

도중에 일본군에 발각되지만 아내의 위기로 모면하는 줄 알았으나 아들의 중국말 때문에 성현은 그들의 포로가 되어 잡혀간다. 남은 가족들이 국제안전구로 들어서자 "일본인이다."라는 말에 중국인들의 분노가 격심했지만 서금의 도움으로 위기를 모면하게 된다.

한편 안전구에 진입코자 온 일본군은 안에 무기가 있는지 검색하러 왔다며 강제로 안전구를 침입하려 한다. "여긴 국제안전구역이고 또 이곳은 부녀자뿐이니 들어올 수 없소."라고 거절하자 다시 찾아올 것이라며 물러난다.

국제안전구에서 가족은 서금의 도움으로 안정을 찾고 있다. 진진의 아버지는 집을 찾아가 보지만 목매 자살한 할아버지를 보며 원통해 한다. 허탈하게 거리를 걷는 진진의 아버지는 일본 병사에게 총살을 당한다. 이를 보면서 일본 병사는 "넌 105명 죽였지. 네가 이겼어."라며 웃고 떠든다.

시체를 처리하던 중국인 적십자 단원들은 죽은 체하고 있던 천유를 구해주고 살아남은 천유는 적십자 단원이 되어 시체 묻는 일을 한다. 그는 일본군의 야만에 치를 떨지만 어쩔 수 없는 상황이라 분노를 삭이고 있을 뿐이었다.

포로가 되어 식사를 담당하고 있던 성현은 타이완인 석판의 도움으로 탈출을 하게 된다. 곧이어 이 사실은 발각되고 석판은 일본인 병사에게 식칼로 목이 잘려 숨을 거두게 된다. 성현은 안전구로 찾아와 가족과 재회를 한다.

다시 안전구를 찾은 일본군은 저지하는 위원장과 간사들에게 "군복을 세탁해 줄 여자가 필요하다. 군대는 여자가 필요하다."고 하면서 적십자 깃발을 찢고 탱크로 강제 침입을 감행한다. 그들은 닥치는 대로 여성들을 강간한다. 자식이 보는 앞에서. 그리고 죽여 버린다. 수친 또한 학생들이 보는 가운데 강간을 당한다. 성현도 딸을 지키려다가 부상을 당한다. 이때 아내는 "이 애는 일본인이다."라고 외치자 멈칫하더니 임신한 배를 발로 차며 가버린 후

아내는 고통을 호소한다. 온통 난장판이 된 그곳은 처참한 비극의 장면이었다.

아내는 하혈을 하고 곧 아이가 태어난다. 한편 소식을 듣고 안전구를 찾은 천유는 죽은 듯이 누워있는 서금을 껴안고 눈물만 흘린다. 주위의 어린 학생들도 눈물을 흘리고 있다.

남경을 탈출하려는 천유에게 성현은 태어난 아기와 어린 자식들을 데려가 달라고 부탁한다. 아내는 아기 이름을 '남경'이라 짓는다. 성현의 자식들, 어린 학생들과 서금은 안전구를 나와 중국인 적십자 단원들의 도움으로 남경을 탈출한다. 넓은 바다 위로 떠나가는 배를 보여주며 막을 내린다.

3. 시대적 배경 : 남경대학살

상해 전선에서 와해되어 패주하는 중국군을 추격하여 일본군은 수도 남경에 급속도로 육박하였다. 그동안 보급은 거의 없고 물자는 오로지 약탈에 의지하며, 저항하는 중국인에 대한 폭행·살인이 되풀이되고 있었다. 2개월에 걸친 상해에서의 악전고투로 많은 전우를 잃었을 뿐만 아니라 여기서 이기기만 하면 고향으로 돌아갈 수 있다는 기대마저 꺾어버린 병사들의 마음은 거칠 대로 거칠어져 있었다. 그리고 무엇보다도 병사들 마음에 자리 잡고 있던 것은 상상하지 못했던 중국 군민(軍民)의 저항에 대한 격렬한 공포심과 투항병을 포로로 하지 않는다는 군의 방침이었다.

이리하여 12월13일의 남경제압으로부터 16일까지의 며칠간에 투항병, 편의병(무기를 버리고 민중 속에 섞여있으나 군인으로 지목된 자), 무고한 시민을 포함하여 대단히 많은 중국인이 학살되었다. 소위 '남경대학살'인 것이다. 당시 제16사단장이었던 나카지마 케사고(中島今朝吾) 중장은 12월13일의 일기에 다음과 같이 기록하고 있다.

  "도대체 포로로 하지 않는다는 방침이기 때문에 모조리 이를 처치해버리기로 정하기는 하였지만, 1천·2천·1만의 무리가 되다보면 이를 무장 해제시키는 일조차 할 수가 없다. …… 후에 알게 된 바에 의하면 사사키(佐佐木) 부대에서만 처리한 자가 약 1만 5천명, 대평문(大平門)에서 수비하는 일개 중대장이 처리한 자가 약 1천 3백명, 선학문(仙鶴門) 부근에 집결한 자가 약 7·8천 명이었는데도 아직 속속 투항하여 온다. 이 7·8천 명을 처리하는 데는 상당히 큰 구덩이를 필요로 하는데 좀처럼 눈에 뜨이지 않는다. 한 방안으로는 1백·2백씩 나눈 후 적당한 장소로 유인하여 처리할 예정이다."[15]

  남경 점령으로 일본에서는 연일 제등행렬과 깃발행진으로 들끓었다. 국민의 대다수는 이로써 중국은 굴복하게 될 것이라고 생각하여 전승 기분에 젖어 있었다.

  그러나 중국은 굴복하지 않았다. 무한(武漢)에서「전국 군민(軍民)에게 고하는 글」을 발표하고, 전 인민에게 철저히 항전하도록 호소하였다. 이리하여 일본의 '속전속결(速戰速決)'의 계획은 무너지고 전쟁은 차츰 수렁에 빠지는 양상을 보이기 시작하였다. 이미 일본의 16개 사단 60만의 대군이 대륙에 묶여버렸다.

  일본군의 대규모적인 작전은 1938년 말에는 거의 끝나고 전선

---

15) 小島晋治·丸山松幸 著, 박원호 역, 『中國近現代史』, (서울 : 지식산업사, 1994), 148쪽.

은 교착상태에 들어갔다. 이 이후부터 일본의 패전에 이르기까지 중국에는 세 가지 이질적인 지역이 병존하게 된다. 이른바 '윤함구(淪陷區: 일본군의 점령지구)'·'해방구(解放區: 공산당이 지배하는 변두리지구)'·'대후방(大後方: 국민당의 지배지구)'이다.

4. 결 론

인류 역사상 유례를 찾기 힘들다는 남경대학살을 소재로 한 중국영화가 국내에 공개되었다. 아우슈비츠 포로수용소 학살, 히로시마 원자폭탄 투하 등과 더불어 제2차 세계대전의 3대 비극 중 하나로 꼽혀온 남경대학살은 1937년 중국을 침략한 일본군에 의해 저질러진 비(非)인륜적 만행이다.

영화 「남경 1937」은 바로 당시의 상황을 생생하게 재현해낸 것은 물론, 다큐멘터리의 분위기와는 사뭇 다른 비극적인 사랑이야기를 접목시켜 역사의 비극성을 한층 더한 점이 특징이다. 때문에 이 영화에서는 다큐멘터리적인 역사의 접근을 시도하면서도 파시즘의 잔학성과 무모한 폭력을 고발하는 방편으로서의 드라마가 강렬한 터치로 그려져 있다.

중국의 5세대 감독을 대표하는 우쯔뉴 감독이 "서사적인 느낌이 배어있는 비극으로 만들고자 했다."고 연출의도를 밝혔지만 영화는 어쩔 수 없이 충격적인 다큐드라마의 형태로 관중의 가슴을 울린 영화였다.

III. 항일전쟁 시기의 여성운동

중국의 내전을 틈타서 일본 제국주의는 1931년 9월 18일 소위 만주사변 이래로 공공연한 침략을 개시하고 있었다. 1933년 봄에 일본은 열하(熱河)를 점령하고, 국민정부와의 사이에 당고정전협정(塘沽停戰協定)을 체결하여 기동(冀東)을 비무장지구로 전화북(華北)을 일본의 감시 하에 두는 데 성공하였다. 이에 대해서 중화소비에트정부는 1932년에 공식으로 일본에 대하여 선전포고를 하는 동시에 즉각 내전을 중지하고 중국의 전 무장을 동원하여 일본 제국주의와 대결해야 한다고 호소하였다.

중국공산당은 장정 도상에서 8·1선언16)을 발표하여, 내전정지와 항일구국을 위한 단결을 동포에게 호소하는 동시에 항일통일전선 수립을 당면한 새로운 방침으로 결정하였다.

1935년에 베이징에서 학생들을 중심으로 한 12·9운동17)이 일어나고 이것을 계기로 항일운동을 호소하는 대중운동이 전국에 확대되었다. 이와 전후하여 일어난 것이 유명한 서안사변(西安事變)이었다. 항일 감정에 불타는 동북군과 서북군이 그들을 격려하고자 방문한 장개석을 감금하여 내전정지와 일치항일(一致抗日)

---

16) 만주국의 건국으로부터 열하침공 및 당고협정으로 일본의 침략이 계속되는 가운데 국민당의 탄압에도 불구하고 민중의 항일 움직임이 차츰 활발하게 되었다. 이러한 정세 속에서 중국공산당 중앙과 중국소비에트정부에 의해 1935년 8월 1일에 발표된 「항일구국을 위해 전 동포에게 고하는 글」이 이른바 '8·1선언'이다.

17) 1935년 12월9일 혹한 속에 5천명의 학생이 '일본제국주의 타도, 화북자치 반대, 전국이 무장하여 화북을 지키자'등의 슬로건을 외치며 시위행진을 한 운동이다.

을 요구하였으므로 장개석은 협박에 못 이겨 그것을 승인하였다.

이처럼 항일운동이 강화되고 있는 가운데서 1937년 7월7일, 노구교사건(蘆溝橋事件)이 일어났다. 일본군이 야간연습 중 용변을 보기 위해서 대열을 이탈한 병사가 행방불명이 되었다는 구실로 3개 사단을 화북에 파견하였다. 그 후 전쟁이 확대되어 일본군은 북경·천진(天津)을 함락하고 상해에 진군하였다. 그래서 국민정부는 8월14일 항일자위선언을 발표하고 중국공산당의 제안을 정식으로 받아들여 항일민족통일전선을 결성하였다. 제1차 국공합작 이래로 10년 만에 이루어진 제2차 국공합작이었다.

중일전쟁이 개시되고 나서 약 1년 동안은 일본군이 압도적인 우세를 보이며 순식간에 화북·화동과 화남의 일부를 점령하였는데 그 범위는 10성에 걸치는 것이었다. 상해·남경·한구(漢口) 등 대도시는 모두 일본군의 수중에 떨어져버렸다.

일본 제국주의가 일으킨 중국 침략전쟁으로 중국의 인민은 심각한 재난에 처하였다. 이러한 큰 재난 속에서 중국여성은 극도로 야만적이고 잔인한 유린과 박해를 받았다. 일본군은 가는 곳마다 방화와 폭행과 노략질을 일삼았으며 특히 여성이 당한 유린과 박해는 듣는 이들로 하여금 치가 떨리도록 분노케 하는 것이었다. 여성들은 일본군에 의해 무참히 살해되었을 뿐만 아니라 그들의 짐승 같은 욕정에 의해 수없이 강간당하였다. 세계를 놀라게 한 남경대학살 때에는 남경 시내에서만도 2만여 건에 달하는 강간사건이 발생하였다. 「원동국제군사법정판결서(遠東國際軍事法庭判決書)」에는 "강간사건은 허다했으며 …… 전 지역에서 어린 소녀로부터 나이 많은 노파에 이르기까지 모두 간음의 대상이 되었다. 또한 강간 중에도 변태적 행위와 음란하고 잔혹한 행위를 가한 사례가 무수히 많고, 많은 여성들이 강간 후에 피살되었으며 도구나 그들의 몸은 절단되었다."[18]라고 기록되어 있다.

　일본군의 노략질과 방화와 강간으로 많은 여성들이 부모 형제를 잃고 남편과 자식을 잃었으며 고향을 잃고 떠다니게 되었다. 일본 제국주의의 침략은 중국 모든 계층의 이익을 앗아갔고, 또한 전체 인민의 생존을 위협하였다. 더구나 일본 제국주의의 여성에 대한 유린은 여성의 빈부에 구별이 없이 가해졌고 이로 인해 유례없이 광범위한 여성운동의 사회적 기초가 마련되었다. 도시의 여공·여학생·직업여성이 일본 점령의 도시를 벗어나 향촌으로 흘러들어 항전에 참가토록 할 수 있는 여건이 조성되었고, 중국여성운동은 맹렬한 기세로 여성대중이 운집해 있는 농촌까지 파고들어갔다.

　중국여성은 자기의 운명이 조국의 존망에 달려 있으며 항일하면 살고 그렇지 않으면 죽는다는 것을 뼈아프게 느끼고 있었다. 광서(廣西)성의 여학생 군대는 분노에 떨며 이렇게 외쳐댔다. "항전의 성난 불길이 이미 사방으로 붙었다. 무거운 압박에서 그리고 쇠사슬의 굴레에서 일어나자! 중화민족의 여성이여. 우리의 조국을 지키고 전 세계의 평화를 지키자! 우리는 우리의 동포들이 망국노(亡國奴)가 되는 것을 그대로 보고만 있을 것인가? 아니다. 적의 폭력과 강간과 도살을 그대로 앉아서 당하다가 죽기보다는 그들과 한판 용감히 싸워 목숨을 구해내야 한다. 일어나자! 친애하는 자매들이여!"[19]

---

18) 『日本侵略軍在中國的暴行』,(北京: 解放軍出版社, 1987), p.176.에 관한 자료는 中華全國婦女聯合會 編, 『中國婦女運動史(新民主主義時期)』, (北京: 春秋出版社, 1989), p.387.에서 참고할 것.

이러한 외침은 전국의 각 계층 여성의 마음을 움직였고, 또한 그들의 소원을 반영해 주었다. 이에 나이와 직업과 계층을 망라하여 전 중국 여성이 분연히 일어나 적군의 포화를 무릅쓰고 항일 군대를 지원하였고, 또 일부는 빗발치는 총탄을 뚫고 들어가 부상병을 구해내는 등 직접 전쟁터에서 활동하였다. 또 일부는 항일군대에 투신하여 군사훈련을 받았고, 일부는 무장폭동에 참가하여 직접 대일작전을 수행하였다. 일시에 여성의 참전 열기가 고조되었다.

북경에 남아있던 시민들도 지하신문을 발행하여 사람들에게 항일을 호소하고 게릴라와의 연락공작을 하기에 헌신하였다. 상해에서의 전투는 매우 격렬하였는데 이때에도 여성들이 후원대를 조직하여 부상병을 수송·간호하는 등 전투에 협력하였다. 그리고 2개월 동안에 2천명의 간호원을 양성하여 일선 병원에 파견하였다.

1938년 7월 노구교사건이 발발한 지 1년 후의 일이며 한구에서 개최된 이 회의에는 지하에 잠복해 있던 공산당 지도자들도 참가하였다. 그것은 제2차 국공합작이 성립된 후의 새로운 상황으로 국민당 여성들도, 공산당의 여성들도, 무당파(無黨派)의 여성들도 서로 협력하여 항일투쟁을 목표로 하여 활동하기 시작한 것이다. 이 위원회는 고아와 부상병 원조, 일선병사 위로, 농촌부인 교육, 잡지 출판 등을 계획하였을 뿐 아니라, 전시 하에 전래의 수공업을 부활시키고 지방의 생산을 발전시키는 계획까지 세우게 되었다. 여성의 통일전선 조직은 급속하게 발전하였다.

아무튼 처음에는 항일 근거지와 팔로군·신사군의 무장투쟁의

---

19) 中華全國婦女聯合會 編, 『中國婦女運動史(新民主主義時期)』, (北京 : 春秋出版社, 1989), p.389.

지지를 받으면서도 전국은 차차 교착상태로 들어가서 결정적인 진격을 하지 못하고 있었으나 몇 해가 지나고 나서 팔로군과 신사군이 전면적인 반격태세를 취하게 되고 또 소련군의 참전이라는 새로운 상황 속에서 1945년 8월15일 일본의 무조건 항복 소식이 중국의 각지로 전해지자 일본군으로부터 온갖 고통을 당해온 중국 인민은 이 소식을 서로 알리며 열렬히 환영하였다.

항전을 승리로 이끈 후의 시국은 그저 맹목적으로 낙관할 수 있는 것이 아니었다. 내전의 위협이 아주 심각하였다. 진보적 여성들은 비록 항전은 승리로 끝났지만 민주와 단결의 대과업은 아직 실현되지 않았다고 인식하였다. 이후 이들 여성은 국민당의 내전, 독재, 매국에 반대하고 민주 화평(和平)을 쟁취하는 투쟁에 나섰다.

제7장. 「인생」: 대약진운동과 문화대혁명

I. 「인생」

제 목 : 「人生」(Life Times)
원 작 : 여화(余華 : 위화)의 『活着』
감 독 : 장이머우(張藝謀)
주 연 : 궁리(鞏俐), 거요우(葛優)
제작연도 : 1994년
제작사 : 新幹線電影有限公司

1. 민초(民草)에 대하여

「포레스트 검프(Forrest Gump), 1994」 하나로 미국현대사를 속성 마스터했다면, 장이머우 감독의 「인생」이란 영화 하나로 중국현대사를 겉핥기라도 할 수 있을 것이다. 이른바 국공내전부터 시작하여 대륙의 공산화, 모택동 시절 일련의 광란의 역사, 즉 대약진운동과 문화대혁명, 그리고 등소평(鄧小平: 덩샤오핑) 이후 자본주의 길로 뛰어가는 중국의 모습을 한 특별한 중국 인민의 모습을 통해 볼 수 있기 때문이다.

이 영화의 원제는 「인생」이 아니라, 『활착(活着)』이다. 뒤에 붙은 '着'은 중국어에 있어 접미사의 일종으로 지속성·계속됨을 의미한다. 그러니 이런저런 역사적 시련을 겪으면서도 죽거나 꺾이지 않고 연연히 살아 내려가는 민초(民草)의 모습을 보며 시인 이성부(李盛夫)20)의 '벼'의 이미지를 떠올리면 되는 것이다. 이성부의 시 '벼'는 다음과 같다.

벼는 서로 어우러져 기대고 산다.
햇살이 따가워질수록
깊이 익어 스스로를 아끼고
이웃들에게 저를 맡긴다.

서로가 서로의 몸을 묶어
더 튼튼해진 백성들을 보아라.
죄도 없이 죄지어서
더욱 불타는 마음들을 보아라.
벼가 춤출 때,
벼는 소리 없이 떠나간다.

벼는 가을 하늘에도
서러운 눈 썻어 맑게 다스릴 줄 알고
바람 한 점에도
제 몸의 노여움을 덮는다.

---

20) 이성부(1942~)는 광주출생의 시인으로 ≪현대문학≫에서 '소모의 밤' 등이 당선되어 등단하였다. 주로 고통 받던 민중에 대한 관심이 깃든 작품을 창작하였다.

저의 가슴도 더운 줄을 안다.

벼가 떠나가며 바치는
이 넓디넓은 사랑,
쓰러지고 쓰러지고 다시 일어서서 드리는
이 피 묻은 그리움,
이 넉넉한 힘…….

　이 영화의 원작은 위화의 중편소설이다. 이미 국내에 번역된 것
도 있다. 이 영화도 「붉은 수수밭(紅高粱), 1987」처럼 소설이 영
화화되는 과정에서 몇 가지 중요한 변화가 있었다. 가장 중요한
것은 아무래도 주인공의 직업이다. 소설에선 단순한 농부로 묘사
된 부귀가 영화에선 그림자극의 대가로 묘사된다. 이는 아마도 「
패왕별희(覇王別姬), 1993」에서 베이징(北京) 경극이 효과적으로
쓰였듯이 여기서도 어떤 영화적인 매력을 위해 설정한 모양인 것
같다.
　'삶'이 그렇게도 인류를 속이고, 인민을 농락하고, 역사를 기만
했을지라도 끈질기게 살아있다는 것이 중요한 것이 아닌가. 그것
이 이 영화의 처음이자 끝을 연결 짓는 유일한 메시지인 셈이다.

2. 영화 줄거리

　부귀(富貴: 푸구이)는 노름을 하면서 자신도 모르는 사이에 빚
이 자꾸 늘어간다. 그러다가 잠깐의 틈이 나면 그림자극의 단원들
대신에 자신이 한번쯤 그림자극을 하기도 한다. 하루 일을 마친

부귀는 하인의 등에 업혀 집으로 돌아간다. 아버지의 잔소리는 이어지고 아내 가진(家珍)은 울음을 터뜨리며 노름을 하지 말라고 부탁을 한다. 다음날에도 부귀의 노름이 계속되자 아내는 노름 장소를 찾아가지만 망신만 당하고 쫓겨난다. 그러던 중 노름빚이 꽉 차서 드디어 저당 잡힌 집을 잃어버린다. 참다못한 아내는 노름을 계속하는 남편 때문에 딸 봉하(鳳下: 펑시아)를 데리고 집을 떠난다. 이 집으로 노름빚은 갚았지만 울화병으로 아버지가 죽고 부귀는 어머니와 함께 떠난다. 생계를 위해 그는 남은 물건을 팔면서 살아간다.

세월이 흘러 아내는 부귀를 찾아온다. 아들 이름을 불도(不賭)라고 지었다고 말하는 아내에게 다신 노름을 하지 않겠다고 하자 아내는 그래서 돌아왔다고 한다. 부귀는 그림자극으로 생계를 이어가게 된다. 그림자극을 하던 중 국민당 군대의 습격으로 포로가 된다. 장개석 군대의 패배로 공산당의 세력이 점점 커져가던 때 그의 단원인 춘생(春生: 춘성)은 운전만 할 수 있다면 죽어도 원이 없을 거라고 하지만, 부귀는 가정이 가장 소중하다고 말을 한다. 춘생은 얼어 죽은 부상병의 옷을 벗겨와 살아남으려고 안간힘을 쓴다. 국민당 군대는 모두 도망을 가버리고 공산당은 잘해주니 우리는 살아서 돌아가자고 다짐을 한다. 공산당의 일원이 되어 그림자극을 하면서 공산당원을 위로하는 일을 한다.

살아서 집으로 돌아온 부귀는 물통을 나르는 딸 봉하가 7일간의 병으로 귀머거리가 되었다는 것을 알게 되고 그림자극을 하면서 살아가게 된다. 읍장이 방문을 하자 그는 해방군을 위해 혁명을 했다고 자랑을 하고 반면에 부귀의 집을 가로챘던 용이는 악덕 지주로 재판을 하니 참석하라는 말을 전해 듣는다. 악질 반동인 용이의 처단을 보면서 그는 집으로 돌아와서 "집을 빼앗기지 않았다면 자신도 죽었을 것이다. 우리의 성분은 뭐지?"라며 아내에게 질문을 하자 '평범한 인민'이라고 대답한다. 해방군을 위해 혁명을 했던 증거품을 찾아 액자에 넣어서 걸어둔다.

1958년 대약진운동으로 타이완(臺灣)을 해방시키기 위해 집집마다 철을 헌납하고 마을에 공동식당이 생겨서 함께 식사를 한다. 봉하가 여전히 아이들의 놀림을 당하자 아들 유경(有慶)은 공동식당에서 복수를 한다. 마을에 구장이 방문했다는 소식에 학생을 동원하는데 유경은 깊은 잠에 빠져 학교를 결석하려고 하나 부귀는 유경을 깨워 업고 학교로 간다. 그와의 마지막 대화는 "처음에는 병아리가, 그 다음에는 양이, 그 다음에는 소가, 그리고 끝에는 공산주의가 찾아온다."고 말한다.

아들 유경은 공교롭게도 공산당 간부가 된 춘생의 차에 치여 죽는다. 아들의 무덤 앞에서 어머니는 "편히 잠 들거라. 너는 네 인생에서 단 하루도 편히 잘 수 없었구나."라고 작별의 말을 고한다. 한편 아들을 앗아간 공산당 간부인 춘생에게 어머니는 "당신은 우리에게 한 생명을 빚졌어요!"라고 절규한다.

다시 역사는 흐르고 문화대혁명의 시대가 온다. 부귀의 벙어리 딸 봉하는 어느덧 다 커서 홍위병 청년과 결혼을 한다. 결혼식은 전통 혼례가 아닌 신혼인법에 의한 것으로『모택동사상전집(毛澤東思想全集)』을 예물로 준비하며 모택동 사진을 향해 결혼서약을 맹세한다.

봉하가 병원에서 출산 후 하혈이 심해서 생명이 위독한데, 의사란 존재는 모두 반혁명 반당분자로 하방당하고 자아비판당하는 신세가 된다. 새파란 홍위병 간호사들은 아는 게 없어 어쩔 줄 몰

라 하고, 그들에게 오욕을 당한 나이 많은 산부인과 전문의 교수
는 탈진 상태가 되어 몸도 제대로 가누지 못한다. 다급한 나머지
부귀와 가진은 의사에게 만두와 물을 먹여 보지만, 도리어 그것
때문에 의사는 급체에 걸려 완전히 혼절하고 만다.

부귀 가족이 겪은 운명의 질곡은 아들의 죽음으로 끝나지 않는
다. 대약진운동이 아들의 목숨을 앗아갔는데, 이번에는 문화대혁
명이 딸의 목숨까지 빼앗아 간다.

몇 년 후, 병석에 누워있던 가진은 사위와 손자 만두(饅頭: 만토
우)로부터 생일 축하인사를 받는다. 그들은 봉하의 무덤에 다녀오
는 길에 손자를 위해 병아리를 산다. 부귀는 오래 전부터 보관하
고 있던 그림자극 재료 상자에 병아리를 담으며 감개무량하게 이
야기를 한다. 병아리가 자라면 닭이 되고, 닭이 자라면 양이 되고,
양이 자라면 소가 된단다. 손자가 묻는다. 소가 자라면 뭐가 되죠?
그러자 가진은 "그 다음엔 너도 어른이 되는 거야." 손자가 아주
기뻐서 말한다. "그럼 내가 어른이 되면 소를 타고 다니나요?" 이
에 부귀는 말한다. "아니. 네가 어른이 되면 비행기나 기차를 타고
다닐 거야. 그때가 되면 세상 살기가 지금보다 좋아질 테니까." 영
화는 그렇게 희망적인 대사로 끝난다.

3. 영화 내용 분석

「인생」은 문화대혁명에 이르기까지 중국의 현대사가 중심을 이
루고 있다. 중국에서 가뜩이나 민감한 이 주제를 다루기 위해 장
이머우는 역설적이게도 모택동 정치의 수혜자라고 자칭하는 소시

민의 관점을 택했다. 감독은 다의적이고 예술적인 도식화를 배제하고 가식 없는 서사적 리얼리즘 형식으로 우연처럼 보이는 희비극성 속에서 이러한 관점을 연출하고 있다. 이 영화는 역사와 현재에 대한 단순·명료하면서도 관객이 쉽게 이해할 수 있는 고발이므로 이 영화의 상영금지를 이미 예고하고 있었다.

은폐된 상징성을 배제한 채 서술만 하고 거의 꾸미지 않는 다큐멘터리 방식으로 연출된 이 영화는 역사의 질곡을 헤쳐 나가는 부유한 지주의 아들이자 난봉꾼인 부귀(福貴)의 인생사를 다룬다. 「인생」은 역사사건이나 시각적 효과가 큰 잔혹한 장면보다는 주인공과 그 가족의 인생사를 담담하게 그리고 있다. 부귀 가족은 비정치적이며 자신들의 작은 개인적 행복에 연연하지만 점점 비극적으로 역사의 수레바퀴에 깔리게 된다. 그리고 20세기 중국의 수백만 가정이 그랬던 것처럼 역사의 희생자가 되고 만다.

그가 노름으로 가산을 탕진하고 길거리에 나앉게 되었을 때 아버지는 울화병으로 죽고 만삭의 아내는 딸을 데리고 그의 곁을 떠난다. 알거지가 된 다음에야 비로소 부귀는 난생 처음 자신의 실존을 고민하게 된다. 마침내 그는 제정신으로 돌아오고 사회 속에서 자신의 자리를 찾는다. 그는 그림자극의 재료들로 가득 찬 가방을 메고 새로운 인생을 시작하면서 가족도 되찾는다. "나는 당신과 함께 안정된 삶을 꾸리는 것 외에 다른 소원은 없어요."라는 아내의 희망[21]은 부귀가 전국을 떠돌며 그림자극을 공연해서 가족을 부양할 때 실현되는 듯하다.

부귀는 공산당 집권 후 인민해방군에서 전역하고 귀향한다. 그

---

21) 20세기 중국에서 전쟁·내전·혁명 등으로 파괴된 중국인의 마음을 대변하는 희망을 말한다.

의 내면에서는 살아서 안정된 삶을 꾸려야 한다는 희망이 다시금 솟아난다. 하지만 어머니는 죽고 딸은 실어증에 걸려 있다. 그래도 부귀와 아내 가진은 새벽마다 끓인 물을 배달하며 가난하지만 비교적 안정된 삶을 꾸려 나간다. 그리고 "보통 인민 속에 끼여 사는 것보다 더 좋은 것은 없지."라는 말이나 부귀가 노름으로 탕진한 집과 재산을 몽땅 차지했던 사람이 인민의 적이 되어 처형된 사실에서 알 수 있듯이 부귀 가족이 '도시빈민'이라는 신분등급을 받게 된 것은 중국 현대사에서 차라리 하나의 축복이다. 실제로 중국의 새로운 통치자들은 기본권의 보장과 인민이 직접 일해서 얻은 재산을 마치 인민을 위해 자신들이 내린 선물이자 은총인 양 생색을 내왔다. 한편 「인생」은 중국 현대사를 다룬 다른 어떤 영화들보다 더 직접적으로 소시민의 책임을 추궁하고, 그들을 역사의 공범자라고 질타한다. 비록 소시민들이 만행과 범죄에 직접 가담하지는 않았다 하더라도 이를 묵인하고 기회주의적으로 방조했기 때문이다.

모택동 치하의 인민의 삶은 1950년대 상황에서 볼 수 있듯이 늘 새롭게 나팔을 불어대는 이상과 목표로 요약된다. 하지만 이 이상과 목표는 점점 더 현실과 유리된다. 부귀와 개인들이 살아가는 삶의 터전은 점점 더 좁아진다. 정치화되어버린 환경 속에서 그나마 자유로운 공간을 만들어 주던 작은 행복들도 점점 이데올로기와 구호들 앞에서 희생된다. 또한 부귀와 다른 모든 사람들이 사회적 모순을 외면하고 고수해 온 기회주의와 불안한 침묵도 더 이상 생활에 안정을 가져다주지 못한다.

아들 유경은 공교롭게도 공산당 간부의 차에 치여 죽는다. 아들의 무덤 앞에서 어머니 자진은 "편히 잠들거라. 너는 네 인생에서

단 하루도 편히 잘 수 없었구나."라고 작별의 말을 고한다. 이 말은 아들의 짧은 인생에 비추어 보아도 그렇고 금세기 중국 역사 속에서 생활의 안정과 개인적 행복을 누리지 못했던 개인의 현존재를 고려해 볼 때도 의미가 있다. 인민을 동원하는 희망의 표현, "처음에는 병아리가, 그 다음에는 양이, 그 다음에는 소가, 그리고 끝에는 공산주의가 찾아온다."는 유경의 죽음과 더불어 더욱 각별한 의미를 지니게 된다. 현실에서도 그리고 영화에서도 혼란스럽게 남아 있는 '공산주의'라는 수식어는 아들의 비극적인 죽음으로 공허해진다. 이로써 중국인의 삶을 규정했던 모든 구호들은 효력을 상실한다. 한편 아들을 앗아간 살인자에 대한 어머니 가진의 절규, "당신은 우리에게 한 생명을 빚졌어요!"는 국가체제에 대한 비난이다.

1960년대 역시 중국인에게 데탕트를 가져다주지 못한다. 부귀와 가진은 운명을 받아들이고 아들의 죽음을 인정한다. 부귀 가족이 겪은 운명의 질곡은 아들의 죽음으로 끝나지 않는다. 대약진운동이 아들의 목숨을 앗아갔는데, 이번에는 문화대혁명이 딸의 목숨까지 빼앗아간다. 딸의 죽음 앞에는 희극·비극적 상황이 설정된다. 딸은 출산 후 하혈이 심해서 생명이 위독한데, 새파란 홍위병 간호사들은 아는 게 없어 어쩔 줄 몰라 하고, 의사는 급체에 걸려 완전히 혼절하고 만다. 이제 부귀네 가족사진에서는 한 세대가 사라져버렸다.

영화의 마지막 장면은 관객들을 1980년대로 안내한다. 시대는 또 다시 변했다. 누렇게 변한 부귀의 정원과 칠이 벗겨진 모택동의 벽화가 그것을 분명하게 보여준다. 부귀는 자신과 아내를 지독스레 따라다닌 그 운명과 다시 타협한다. 자식들의 세대는 해체되었건만 그는 또다시 선전정책의 새 출발(경제건설이 전면적으로 등장한다.)에 희망을 건다. 자신의 쓰라린 경험에도 불구하고 그는 여전히 권력자들이 선전하는 미래를 믿는 것이다.

부귀는 손자 만두(饅頭)에게 장밋빛 미래를 이야기한다. "병아리들은 모이를 먹으면 빨리 자라지. 병아리들이 자라면 그 다음에는 거위가 된단다. 거위가 자라면 그 다음에는 양이 되고 양이 자라면 소가 된단다." "소가 다 자라면 어떻게 되나요?" "그러면 만두가 어른이 되는 거지. 기차가 다니게 되고 비행기가 날게 되지. 그러면 우리 인생은 점점 더 나아지는 거란다." 다시 사람들은 전환점과 출발점에 서서 착각을 한다. 사람들은 저절로 완성되는 향상에 대한 희망을 품는다. 보통사람들은 공산당 아래서 몇 십 년을 살면서 단순한 '인생'말고는 아무 것도 건진 게 없다는 경험을 하고도 미래 역시 그들의 것이 아니라는 사실을 깨닫지 못한 것 같다.

4. 결 론

이 영화는 칸영화제 심사위원대상과 부귀의 역을 맡았던 갈우(葛優: 거요우)가 남우주연상을 받는 등 서구의 주목을 받은 작품이다. 이 영화에서 보여주는 중국현대사는 결국 이데올로기나 정치적 투쟁이라는 외적 변천에 관계없이 실제 인민은 열심히 제 살길을 찾아 살아간다는 간단한 진리를 보여준다. 겉보기에는 현대사 관통이지만 한편으로 보면 지독한 풍자임에 분명하다. 지금이야 웃으며 그 시절을 회상할 수 있지만, 당사자들은 어찌 죽음과 그 시절 그때를 잊을 수 있을까.

부귀는 한 번도 자신의 의지대로 운명을 헤쳐나간 적은 없다. 도박에서 지는 것도, 국민당 군대 및 공산당 군대에 차례로 부역하는 것도, 그리고 아들을 죽음으로 몰아넣은 것도 모두 상황 및 현실이 그를 그쪽으로 몰아갔을 뿐이다. 그리고 그가 그렇게도 좋아했던 그림자극을 위해 목숨을 걸고 지키는 것도 아니었다. 그야말로 현실에 순응하며 살아가는, 그리고 그 현실이란 것이 죽음과 매시간 희롱하는 것들이기에 우리는 더욱 범상치 않은 보통 인민의 행동과 운명을 동정적이며 가슴 따뜻해지는 시선으로 지켜볼 수가 있었던 것이다.

장이머우 감독이 말하고자 하는 것은 결국은 지난 수십 년간 그런 바보 같고, 우스꽝스런 집단광기의 희생자는 바로 중국 인민이었음을 보여주고, 나아가 그러한 운명조차 받아들이는 인민이 있기에 사회는 진화하고 국가는 발전한다는 진리를 말해주는 것이다. 광란의 중국역사를 보는 감독의 눈은 곳곳에서 감지된다. 병원에서의 그 지독한 부조리, 의사가 있지만 결코 도움이 안 되고, 자신만만한 홍위병 여학생 의사가 있지만 믿을 수 없고, 모든 것이 되는 듯 안 되고, 안 되는 듯 결국은 다 되는, 그리고 새옹지마처럼 반복되는 기나긴 운명의 희롱은 중국인들을 지치고 숙명론적으로 길들였을지도 모른다. 남은 것은 삶에 대한 신념일 수도 있지만 어쩌면 뿌리 깊은 불신과 체념주의일지도 모른다.

II. 대약진운동과 인민공사

1. 대약진운동

중국이 또 다른 새로운 단계를 맞이한 것은 1958년의 대약진 운동과 인민공사(人民公社)이다. '광대한 포부와 높은 목표를 향하여 많이, 빠르게, 훌륭하게 사회주의를 건설하자.'는 중국공산당의 호소에 따라 공업·농업의 대약진과 인민공사가 탄생하였다. 사회주의 건설은 새로운 단계에 들어서게 된 것이다.

대약진운동의 목적은 중국이 공산혁명을 위해 군중을 동원하였던 방법과 같이 경제성장과 공업화 추진에 군중을 동원하는 것이었다. 다시 말하면 중국이 보유하고 있는 무진장의 인력을 자본재로 전환시키는 것이었다. 실업자에게 일을 주고 직장인에게는 더욱 열심히 일하게 하고 중앙과 지방이 같이 적극성을 발휘하고 또 엄밀한 규율에서 노동집약 그리고 소규모 생산의 확대를 통해서 농공업 생산력의 대약진을 이룩하여 하루빨리 현대적 농공업과 과학문화를 지닌 부강한 사회주의 국가를 건설하는 것이었다.

따라서 이 같은 대약진의 전략 아래에 농민들은 낡은 농기구를 사용하여 토지를 수없이 개간하고 수리관개시설도 대대적으로 건설하였다. 공업부분에서 대약진운동은 철광의 생산을 중심으로 추진되었다. 원래 1958년도 철강생산 목표는 620만 톤이었으나 마오쩌둥의 제안에 의해 1,070만 톤으로 목포생산량이 증가되었다. 그리고 이 목표를 달성하기 위해 도시와 농촌을 포함한 전국의 모든 지역과 직장에는 중국의 전통적 제철로인 토법로(土法爐)가 설치되고 이미 설치된 철강 콤비나트에도 시설투자가 배로 증가되었다.

사실 이 대약진운동을 위해 전 국민이 전력으로 일했다. 작업시간을 연장하여 계속 12시간 내지 15시간까지도 일했다. 그리고 시골에서는 자발적으로 창의력을 발휘하여 대공장의 제품보다 더 좋은 제품을 만들기도 하였다. 이 같은 민중들의 헌신과 열성은 더 좋은 생활에 대한 열망 그리고 오랫동안 외세에 짓밟혀 온 조국 건설에 대한 염원에서 연유하였다.

그러나 노련한 전문 관료의 부재로 대약진운동은 치밀하고 일사분란하게 추진되지 못하였다. 경험부족과 경영미숙 속에서 관리들은 오로지 계획달성만을 강조하고 무조건 밀어붙였기 때문에 민중들의 열망도 식어버렸을 뿐만 아니라 그 결과도 엉망이었다. 할당된 목표량을 달성하기 위해 노동자들은 생산량만 중시하고 질은 도외시하였기 때문에 제품의 질이 형편없이 떨어졌다. 덧붙여 노동자, 농민들의 전문지식의 결여도 품질저하의 요인이 되었다. 또 생산증대를 나타내기 위해 각종의 통계와 결과보고는 과장, 허위, 조작이 가해졌다.

이와 같은 상황 속에서 농촌에서는 인민공사가 추진되었다. 인민공사는 노동력, 자금, 재료를 집중적, 효율적으로 사용하기 위한 발상에서 추진되었다. 그리하여 농업합작사가 인민공사로 개조되어 대약진운동을 더욱 강화하였다.

2. 인민공사의 성립과 특징

중국 인민공사가 탄생하게 된 직접적인 동기는 1957년 가을철부터 1958년에 걸쳐 실시된 수리관개공사를 위한 활동이었다. 이러한 상황에서 이때까지 과잉기세를 보이고 있던 농촌 노동력이 부족하게 되어 여성들의 노동력에 대한 요구가 현저하게 높아졌다.

특히 절실하게 느끼게 된 것은 합작사의 한계였다. 농업이 더한층 발전하기 위해서는 대규모의 수리계획과 토질개량이 필요한데 이러한 문제에 대해서 합작사는 지역적인 한계성을 피할 수 없었다. 이러한 한계를 대중 자신이 대담하게 타파하고 합작사를 보다 더 대규모로 확장시킨 것이 인민공사의 탄생이었다.

이보다 조금 앞서 농촌에서는 이미 농업의 협동화가 추진되고 있었다. 토지개혁이 진행됨에 따라 이때까지 토지를 소유하지 못하였던 농민이 남녀를 불문하고 모두가 균일하게 토지를 소유하게 되었으나 가난한 농민들은 토지를 경작할 농구도 없고 소나 말도 없었으므로 그것들을 가지고 있는 농민들이 자진하여 서로간의 편의를 도모하면서 협동농업을 실현하게 되었다. 협동조합은 개인의 활동에 응해서 적당하게 분배하며 또 농민이 출자한 토지에 대해서도 공평하게 분배하였다. 이러한 의미에서 토지 사유제는 부정되지 않았다고 말할 수 있으며, 이것이 초급합작사(初級合作社)이다.

그다음 단계에 이르러서는 농민들이 소유하고 있던 토지, 농기구, 가축, 가옥 그리고 합작사에 출자한 모든 것도 인민공사에 다시 헌납하여 공동소유로 하였다. 토지에 대한 분배가 폐지되고 토지를 포함시켜서 생산수단은 공유제(公有制)가 되었다.

인민공사는 이미 종래의 합작사의 연장이 아니었다. 그것은 사회주의 권력의 말단조직인 동시에 경제조직이고 공업・농업・상업・교육・군사를 일체화한 아주 새로운 조직이었다. 이 조직의 규모도 합작사보다 훨씬 큰 것으로 평균 5,000호로 확대되었으며, 인민공사의 특색은 '첫째로 확대화, 둘째로 공공화'로서 이것이 보다 대대적으로 실현됨에 따라 발생한 유리한 조건과 공공화라는 성격은 사실상 더 큰 가능성을 시사하게 되었다.

우선 첫째로 인민공사가 종래와는 비교되지 않을 정도로 토지의 확대와 수리공사를 실현하여 농업의 양상을 일변시켰으며, 농촌 인민공사는 1958년 최초로 설립된 것으로 새로운 형태의 경제・정치조직이었다.

그 규모는 1만 세대에서 2만 세대까지 다양하였으며 보통 몇 개의 합작사가 합병하여 하나의 인민공사를 이루었다. 인민공사와 농업생산 합작사와의 다른 점은 인민공사가 공유권이 더욱 발달되고, 개별적으로 농업생산에 참여하는 사람은 없다는 것이다. 이 것들은 전부 공유로 되었다. 인민공사는 임업・목축・어업 ・다른 부업들도 담당하여 그 경제를 다양화하였을 뿐 아니라, 공업・상・금융사업도 실시되었다. 경제적 활동과 함께 인민공사는 문화적・교육적・군사적인 기능을 함께 해내는 기구였다.

둘째로 인민공사는 집단생산 조직일 뿐 아니라 집단생활 조직체로 다양한 생활복지사업을 실행하였다. 일찍이 레닌이 공산주의의 새싹이라고 말한 공동식당과 보육소, 양로원 등이 도처에 건설되었다. 1959년 3월, 전국부녀연합회의 자료에 의하면 전국 26,000개 인민공사에 보육소가 475만, 공동식당이 265만이 설치되어 있었다고 한다. 이 밖에 정미공장과 제분공장, 재봉공장

등이 설치되어 있었는데 이러한 시설은 결코 상부의 명령에 의해서 이루어진 것이 아니라 공산주의의 이념을 추구하는 농민들의 자발적인 노력의 결과였다. 이러한 가사노동의 사회화는 우리들이 상상할 수 없는 정도의 것이었다.

셋째로 인민공사는 정치와 생산이 하나로 통일된 조직으로 생산사업 뿐만 아니라 교육·문화·사업 면에서도 비약적인 발전을 보였다. 국민학교가 보급되었을 뿐 아니라 성인교육도 실시하게 되었다. 예컨대 홍전학교(紅專學校)라든가 업여학교(業餘學校)라고 부르는 여가교육을 위한 학교도 도처에 설립되었다.

3. 인민공사와 여성해방

중국 공산당이 1949년 전(全) 중국 정부가 되었을 때, 그들은 여성 지위의 향상은 여성들이 생산에 참여함으로써 가능하여질 것이라고 예측했다. 국가 경제의 확장 및 공업과 농업의 재조직은 중국의 풍부한 노동력 특히 여성 노동력이 경제적 발전에 이용될 수 있는 미개발의 자원 중 하나라는 사실을 기반으로 하여 계획되었다.

향상된 물질적 조건이 여성들로 하여금 봉건적인 구속을 극복하고, 사적·공적 분야에 있어서 남성과 동등한 지위의 확보를 가능케 할 수 있다는 것이다. 이러한 근거 위에서 여성운동은 정부의 토지개혁 정책, 농업의 집단화, 산업의 확장, 농촌 경제를 후원해 주었다. 또한 여성들로 하여금 생산에 참여할 수 있는 기회를 이용하도록 도와주었다. 이러한 새로운 정책들은 여성해방이 새로운 단계에 진입했음을 의미하는 것이었다.

그러나 농업생산 단위로서의 가정의 기능은 서서히 사라지기는 하였지만 소비 단위로서의 가정은 아직 존속하고 있었으며 집단적인 생산과 개별적인 소비의 모순이 여성들의 신상에 집중적으로 나타났다. 즉 사회적 노동과 가사노동과의 사이에서 일어나는 모순이 그것이며 가정을 가진 여성들은 아무래도 가사노동을 피할 수 없게 마련이다. 그러므로 기혼 여성의 경우는 사회적 노동과 가사노동의 이중부담에 충분한 에너지를 발휘하지 못하고 끝나게 된다. 이러한 상황을 일거에 변동시킨 것이 인민공사이다.

인민공사는 이렇게 해서 사유제, 그 사유제와 불가분의 관계가 있는 가족제도를 근본적으로 개혁하였다. 불합리한 가부장제의 가족은 완전히 해체되고 개개인이 사회적인 노동에 참가함으로써 가족 성원간의 평등한 관계가 보장되게 되었다. 여자들은 가사노동에서 해방되고, 가정 내의 사사로운 노동이 사회적인 노동으로 전화(轉化)되었다. 생산의 단위, 소비의 단위, 생활의 단위로서의 가정의 기능은 서서히 애정을 중심으로 하는 새로운 가족으로 향하여 발전하게 되었다.

가족기능의 축소는 여성들을 사회적 생산에 참여할 수 있도록 해줌과 동시에 생산 소비를 조직하며 전반적인 사회화 과정을 통제하는 가족의 독점적인 힘에 기반한 가족 내 계급관계를 분쇄시킬 것이라고 기대되었다.

노동보호정책이 여성들의 생물학적인 기능을 보호해 주기 위한 의미에서 실시되었지만, 대부분의 생산대에서는 이 정책들을 여성들의 연약함을 핑계로 '약한 성'에게 적합한 일을 주기 위한 구실로 여전히 사용되었다. 또한 무보수의 가사 잡일을 하도록 여성들에게 시간이 할애되었다. 대부분의 인민공사에서 여성들의 기본 작업일수는 가사 일의 정도와 자녀수에 기초하여 책정되었다. 이러한 방법으로 여성들의 전통적인 가사책임은 보호를 받았으나, 이것은 즉 가사 일은 여성들만의 책임이라는 생각을 더욱 강화시켜주었으며, 무보수 가사노동을 위해 여성들에게만 시간을 할애하여 준다는 사실은 그들의 수입에는 결과적으로 손해를 초래했다. 많은 여성들이 사회적 생산에 참여하였다는 것은 분명한 사실이었다. 그러나 새로운 노동 분업은 여성과 여성 노동에 대한 전통적인 가치가 여전히 지속되고 있다는 사실을 반영해 주었다.

중국에서 여성의 지위를 측정하는 또 하나의 방법은 당이나 정부기관 생산단위에서 책임 있는 지위를 차지하고 있는 여성들의 수를 알아보는 것이다. 대약진운동 기간 동안 여성들은 단결하여 경제적 활동에 대규모로 참여하였으나 정치적 활동에는 별로 참여하지 않았다. 사회적 생산에 참여하는 여성들의 수의 확장은 당회원 자격이 허가된 여성들의 수나 고위직이나 정책 결정직·정부기관에 뽑힌 여성들의 수에 그대로 반영되지는 않았다. 예를 들어 공산당과 공산주의 청년단 구성원들을 살펴볼 것 같으면, 1950년대에는 공산당 회원의 10%만이 여성이었고, 공산주의 청년단 회원의 30%만이 여성이었다. 그리고 전국에서 선출되는 인민 대표들 중 여성의 비율은 1953년 17.3%에서 1958년 20%로 증가되었다.22)

이러한 비율은 사회적 생산에 참여하는 여성들의 비율에는 훨씬 밑도는 숫자였다. 정부와 여성운동은 우선 이러한 불일치의 원

---

22) 엘리자베스 크롤 지음, 김미경·이연주 옮김, 『中國女性解放運動』, (서울 : 사계절, 1985), 322쪽.

인을 밝혀내는 일에 착수했다. 그들은 여자들은 집밖의 일에 대해서는 알아서도 안 되며, 공적 영향력을 가져서도 안 된다고 가르쳤던 유교 이데올로기가 아직껏 남아 남녀 모두에게 영향을 미치고 있다는 점을 밝혀냈다. 또한 여성들의 가사 역할이 그들이 전적으로 정치활동에 참여하지 못하게 되는 한 원인이기도 했다. 가사역할의 대부분은 여가시간을 이용하여 해야 했으며, 무보수였기에 다른 일에 신경을 쓰기가 힘들었던 것이다. 이것은 특히 농촌지역에서는 더욱 그러했다.

4. 대약진운동의 결과

중화인민공화국 수립 이후 중국은 8년간의 항전시기와 4년간의 국공내전에 의해 파괴·피폐된 경제를 복구, 부흥하고 또 사회주의 경제건설을 위해 5개년 계획으로 대약진운동을 통해 고속·고도의 공업화를 이룩하려고 하였다. 그리고 중국은 이 같은 고속·고도성장의 목표를 달성하기 위해 중국이 보유하고 있는 장비와 기술 그리고 중국 재래기술(土法) 등 전근대 및 근대적 모든 방법과 수단을 동원 추진하였으며 추진방법은 군중동원이었다.

특히 대약진운동에서 많은 군중이 동원되었는데 중국지도자들은 공산혁명을 위해 군중을 동원하였던 것과 같이 중국의 경제성장과 공업화를 위해 군중의 창의적인 참여와 열성을 동원하였다. 따라서 공업생산력의 대약진을 위해서 군중동원과 참여의 전략이 핵심이 되었다. 그러므로 농촌에서는 대대적인 토건제강(土建製鋼)운동에 농촌노동력이 대부분 흡수 매진되었으며 공장과 기업에서는 군중운동에 의한 생산성 제고가 강조되고 노동시간의 연장과 노동력의 강화가 일반화되었다.

그러나 근대공업에 있어서 기술의 복잡성, 고도의 전문화, 세밀한 분업, 계획의 정확성이 필수적이었는데 이 같은 결정적 요인들을 무시하고 오로지 고속성장과 대량생산만 강조하고 기술선택에서는 전문가·기술자의 역할보다는 군중의 주관적 능동성을 강조하였으므로 중국의 경제추진과 사회주의 건설은 이념적으로 감정적으로 강력하게 추진되었지만 결국 많은 심각한 문제를 야기하고 실패로 끝나고 말았다. 그리고 급속한 사회주의 사회의 건설도 좌초되고 말았다.

III. 문화대혁명(文化大革命)의 허(虛)와 실(實)

1. 사회주의 교육운동

대약진운동의 실패는 사후 수습책과 책임소재 그리고 개발전략과 이념문제를 비롯하여 중국 권력층 내부에 심각한 대립과 분열을 초래하였다. 날로 악화되는 경제나 인민공사의 실패에 대해서는 모택동(毛澤東: 마오쩌둥)도 책임을 지지 않을 수 없었으므로 할 수 없이 뒤로 물러나고 당시 당의 제2인자였던 류소기(劉少奇)가 사후수습을 맡게 되었다.

사회주의 교육운동은 1962년부터 1965년까지 3년 동안에 걸쳐 진행되었는데 교육운동, 정풍운동, 정화운동으로 구분하여 진행되었다.

① 교육운동(教育運動) : 빈농, 중농을 결합하고 단결
② 정풍운동(整風運動) : 횡령, 낭비, 호화결혼, 부정부패 제거
③ 정화운동(淨化運動) : 희생, 근면성, 집단정신 강화

처음에 모택동은 이 사회주의 교육운동을 정치, 경제, 사상, 당 조직의 전반에 걸친 그리고 전국적인 군중운동으로 확대하려고 하였다. 그리고 군중운동의 확대를 통해 인민의 토론, 비판, 지탄을 최대한 보장함으로써 지주, 부농, 반동분자 그리고 이들과 결탁한 부패한 당 간부들을 청산하려고 하였다. 다시 말하면 모택동은 사회주의 교육운동을 통하여 당 내에 자본주의 길을 걷고 있던 실무파(實務派)의 숙청에 목적을 두었다고 할 수 있다.

그러나 이 같은 의도를 가지고 출발한 모택동의 사회주의 교육운동은 이미 당 기구와 관료를 장악하고 있던 류소기와 등소평(鄧小平: 덩샤오핑) 등의 실무파의 반대에 부딪쳐 제대로 시행되지 못하였다. 따라서 시행과정에서 분열과 대립이 노골화되었고 마침내 사회주의 교육운동이 실패하고 말았던 것이다.

이 결과로 중국 권력층 내부에는 사회주의 교육운동의 실시를 통하여 모택동과 실무파 사이에 대립이 격렬하게 되었다. 이러한 의미에서 볼 때에 사회주의 교육운동은 문화대혁명의 서곡(序曲)이었다고 할 수 있겠다.

2. 문화대혁명의 전개 : 오함(吳晗)이 쓴 『해서파관(海瑞罷官)』비판

1961년 1월 북경에서 '해서파관'이라는 연극이 공연되었다. 작가는 북경의 부시장이며 이름난 명대사 연구자이기도 한 오함이었다. 해서는 16세기 후반 명의 가정제(嘉靖帝) 시대의 고관으로서, 황제가 정무를 돌보지 않음을 간하다가 체포되어 파직을 당하였다. 청렴하고 강직한 관료로서, 연극 등을 통하여 서민들에게 퍽 인기 있는 인물이었다. 처음에는 그저 하나의 공연으로 끝났으며 정치 문제화되지 않았다.

그러나 그 내용은 가정제를 모택동으로, 해서를 팽덕회(彭德懷)로 바꾸어 볼 수 있는 즉 '팽덕회 파관'으로 이해 풍자될 수 있는 정치성이 있었다. 그러므로 당시 류소기, 등소평 등에게 권력을 양도하고 물러나 있던 모택동에게 강청(江淸), 강생(康生) 등이 이것을 정치 문제화하도록 호소하고 류소기, 등소평의 세력이 약한 상해에서 극좌파작가 요문원(姚文元)으로 하여금 오함의 연극을 비판케 하였다.

그리하여 1966년 5월25일 강생의 지시를 받은 북경대학 철학과의 학생 등이 반당·반사회분자로 규탄하는 대자보를 벽에 붙이고 모택동이 이것을 지지하는 성명을 발표하였다. 이것을 계기로 중국 각 지역의 넓은 담과 벽은 부르주아사상을 비판 공격하는 대자보로 뒤덮이게 되었으며 대규모의 전국적 군중운동이 발생하였다.

먼저 학생들은 자신들이 모택동의 혁명후계자라고 자처하면서 홍위병(紅衛兵)을 조직하였는데 이것은 곧 지방의 대학과 고등학교에 파급되어 마침내 전국 학교에 홍위병이 조직되었다. 또 모택동도 이 홍위병의 운동을 혁명적 활동이라고 격찬하고 혁명무죄의 특권을 부여하였으므로 홍위병 운동은 더욱더 가열되고 전국적으로 확대되었다. 그리하여 학교에서는 정상수업이 중단되고 홍위병이 주도하는 군중비판이 당지도자와 당 기구 그리고 대학당국과 교수들을 상대로 매일 계속되었다.

그러나 홍위병 내부에는 체계적인 조직과 계통이 갖추어 지지 않았고 또 전국적으로 확대되었으므로 분파현상이 심하였고 통제하기가 어려웠다. 또 상호간에 공명심도 작용하였으므로 대립, 불화, 반목이 심하였으며 폭력 충돌이 그치지 않았다.

이 같은 상황 속에서 홍위병은 소위 4구 타파운동(구사상, 구문화, 구 풍속, 구 관습)을 전개하였는데 이 운동의 전개과정에서 고적, 유물, 묘지 등을 함부로 파괴하였으므로 일반 노동자와 농민들의 큰 반발을 초래하였다.

이와 같이 홍위병의 광란이 끝없이 계속되면서 중국사회는 상호간의 유혈충돌이 전국 각지에서 수없이 발생하였다. 그리고 마침내 당정(黨政)의 기능이 완전히 마비되고 사회는 극도의 혼란, 불안, 무질서의 상태 속으로 전락되었으며 경제는 거의 파탄상태에 빠져버렸다. 이에 위기의식을 느낀 모택동은 최후수단으로 군(軍)의 개입을 결정하고 1967년 1월에 인민해방군의 개입을 요청하였다. 모택동의 요청에 의해 인민해방군은 홍위병의 난동을 진압하였으며 경제 생산 활동을 보호 감독하였다.

이에 따라 각 지역의 수정주의 경향을 가진 인사들은 지위 고하를 막론하고 모두 숙청 제거되었으며 동시에 홍위병에 의해 광란의 극치에 달했던 중국의 사회는 군의 개입으로 점차 진정되기 시작하였다. 그리고 류소기는 배신자로 지목되어 옥중에서 비참하게 병사하였으며, 등소평은 농촌으로 추방되었고, 팽덕회와 오함 등은 모두 고문에 의해 사망하였다. 그리고 실무파에 속하는 모든 인사들은 반혁명 수정주의자로 지목되어 숙청되었으므로 중앙뿐만 아니라 지방에 뿌리박고 있던 실무파의 세력이 완전히 제거 일소되었다.

문화대혁명은 다시 말하면 1962년 이래 당 최고 지도자 간에 대약진운동을 중심으로 한 정치적 갈등과 대립으로 권력의 핵심에서 소외된 모택동과 그 추종자들이 당시 집권세력이었던 유소기, 등소평 등의 실무파들이 당 내에서 자본주의를 배양하여 평균주의에 입각한 혁명정신을 부패시키고 또 진정한 사회주의 실현을 바라고 있는 혁명대중을 억압하고 있다고 비난하면서 청소년 반란을 선동 유도하여 일으킨 운동이었다. 이러한 의미에서 볼 때에 문화대혁명은 문예·학술·교육에 의한 정풍운동이 아니라 정권의 핵심에서 소외된 모택동과 그 추종자들이 문화대혁명을 통해 실무파로부터 정권을 되찾은 일종의 정권투쟁이었다고 할 수 있다.

3. 문화대혁명 그 후

그러나 문화대혁명의 여독(餘毒)은 아주 깊었다. 우선 당정(黨政)면에서 보면 특히 실무파에 속하는 인물들은 대부분이 실각, 숙청당하고 살해되었다. 또 중앙과 지방의 각계 지도적 인물의 희생된 숫자는 공식통계에서만도 70여만 명으로 밝혀지고 있다. 이외에도 관료, 지식인, 문화인, 교육자들이 당한 공포와 불안 좌천과 박해 등은 이루 말할 수 없는 상태였다. 또 열광적으로 모택동을 찬미하였던 홍위병의 청소년들도 문화대혁명 말기에는 오히려 해당분자(害黨分子)로 배척받았으므로 사회에 남았던 것은 오직 정치에 대한 불신, 불안, 공포, 저주 그리고 비탄과 한탄뿐이었다. 그리고 이 같은 불신, 불안, 공포가 문화대혁명의 종식과 함께 끝나지 않고 이후에도 정치, 경제, 사회, 교육 분야에 계속되어 난동의 내면적 요인이 되었다. 실로 문화대혁명으로 인한 사회의 혼란과 파괴가 중국의 근대화를 20년 내지 30년 후퇴시켰던 것으로 평가되고 있다.

제8장. 「홍등」
: 중국의 처첩제도에 대하여

I. 「홍등」

제　목 : 「大紅燈籠高高挂」(Raise The Red Lantern)
원　작 : 쑤퉁(蘇童)의『妻妾成群』
감　독 : 장이머우(張藝謀)
주　연 : 궁리(鞏俐), 허샤페이(何賽飛), 마징우(馬精武)
제작연도 : 1991년
제작사 : 年代國際有限公司

1. 「홍등」의 배경인 사합원(四合院)

　이 영화를 보는 데 있어 주인공들 못지않게 그들을 압도하고
구속하는 것처럼 보였던 가옥구조에 관하여 살펴보고자 한다. 이
영화 속의 가옥은 베이징 부근에서 볼 수 있는 전통적인 민간 가
옥으로, 중국에서는 사합원이라 부르는 양식이다. 사합원은 남북
을 긴축으로 해서 볼 때, 최북단에 정방(正房)이 남쪽을 향해 있
고, 그 좌우에 동서의 곁채가 대칭으로 자리잡고 있으며, 남단에

는 행랑채라 할 수 있는 건물이 위치하고, 이 모든 건물의 중앙에 정원이 있는 구조이다. 이것이 사합원 양식의 기본 구조이다. 대체로 남북 방향이 길고, 동서는 폭이 좁은 형태이다.

정방은 집주인이나 노장의 거처이며, 양쪽 행랑은 정방의 사람보다 연배가 낮은 사람이 거주하며, 행랑채는 손님방이나 잡용도(雜用途)로 있거나, 혹은 남자 하인이 사용한다. 풍수에 따라 대문은 거의 대부분 동남의 구석에 있고, 당연히 변소는 서북의 구석에 있다. 그리고 높은 담이 둘러쳐졌기 때문에 전체적으로 외부와 차단된 폐쇄적 공간이라 할 수 있다.

이런 구조는 일상생활의 공간이기도 하지만, 특히 대가족이 동거할 수 있도록 설계되어 있었으므로, 전통시대의 명족이나 부호 등이 사용하였고, 이들의 주택은 위에서 말한 기본적인 사합원 구성을 복잡하고 호화롭게 확대한 것이라 할 수 있다.

영화에 나오는 건물은 구체적으로 산서(山西)성 기현 교가보(喬家堡)의 교가대원(喬家大院)으로서, 면적은 8,724평방미터이고, 청의 가경제(嘉慶帝: 1796-1820)부터 도광제(道光帝: 1821-1850) 사이에 짓기 시작하여 항일전쟁 중에 이르러 중지하였다고 한다. 대소원(大小院) 19개, 5조의 주택과 1개의 화원, 사당 1개로 구성되어 있고, 입구는 고성보식(古城堡式)으로 만들어졌으며, 기둥의 대련(對聯)에는 청말의 유명한 관료 좌종당(左宗棠)이 썼다고 하는 "損人慾以復天理, 蓄道德而能文章"(인욕을 줄임으로써 천리를 회복하고, 도덕을 쌓을 수 있으며, 문장에도 능하게 된다.)의 현판이 걸려 있는 가옥으로서, 주택은 사합원식으로 구성되어 있는 전형적인 복합 사합원 양식이라고 할 수 있을 것이다.

영화의 분위기를 주도하는 잘 조직된 사합원 공간은 여성들을

속박하고 그들 사이의 질투심을 조장하였던 당시 사회 및 가족의
제도와 관습을 암시한다. 많은 건물들로 구성된 사합원 공간은 구
성적으로는 안정감 있고 조용하며 정적이다. 그러나 카메라 쇼트
의 높이가 극적으로 변화함에 따라 그 공간은 숨을 조이는 장면
으로 전환된다.

2. 영화 줄거리

아버지가 돌아가신 후 송련(頌蓮: 쑹렌)에게 계모는 여러 차례
시집가라고 말한다. 결심한 듯 "부자에게 시집가겠어요." "첩으로
가겠구나." "상관없어요. 그게 여자의 운명인걸요."라며 멍하게 눈
물을 흘린다.

여름(夏)

전통 결혼식의 화려한 일행들이 지나가는 모습을 바라보던 송
련은 반대 길을 혼자서 걸어간다. 도착한 그녀는 집을 둘러보는데
집사가 "넷째 부인이군요. 가마를 보냈는데…"라며 거처로 데리고
간다. 송련이 넷째 부인임을 알고 경계하는 하녀 안아(雁兒: 옌얼)
에게 짐을 가져오라고 명령한다. 그녀의 문 앞과 방안에는 수많은
홍등이 걸려 있다. "왜 이렇게 홍등이 많이 걸렸죠?"라고 물으니
"당신 때문이죠."라고 안아는 대답한다.

곧이어 수많은 홍등이 켜지고 이 집안의 가풍에 따라 어린 하
녀가 송련의 발을 씻고 붉은 천으로 발을 덮고 난 뒤 나이든 하
녀가 소리 나는 기구로 발 안마를 한다. 어리둥절해하는 그녀에게

곧 익숙해질 거라고 말한다.

밤이 되자 대감마님이 송련의 방으로 들어온다. "발 안마는 어때? 여자는 발이 중요해. 발이 편안하면 남자를 잘 모실 수 있으니까. 등을 들어 봐라."는 말에 그녀는 등을 들어 자신의 모습을 보여준다. "배웠다더니 역시 다르군. 자자."라고 말한다.

첫날밤을 보내려는데, 셋째 부인의 몸종이, 셋째 부인이 병이 났으니 대감마님을 찾는다고 하자 대감은 거처를 옮긴다. 동시에 집사는 큰 소리로 "셋째 후원의 등을 밝혀라."고 외친다. 홍등이 꺼진 방에서 멍하니 앉은 송련은 홍등을 켜고 자신의 비참한 모습을 비춰보며 눈물을 흘린다.

다음날 아침, 조상님과 세 분 부인께 문안인사를 올려야 한다는 집사의 말에 따라 조상의 사당에 절을 한다. 먼저 셋째 부인을 찾아가지만 대감과 취침 중이라는 말에 첫째 부인을 뵙는다. "19세입니다." "공부를 했다고?" "대학에 다녔습니다." "학식과 교양이 풍부하면 좋지. 여기 생활이 곧 익숙해질 것이다. 둘째, 셋째와도 사이좋게 지내며 대감을 잘 모시도록 해라. 가봐." 돌아서는 송련의 뒷모습을 보며 "죄악이로다."라는 말만 되풀이한다.

둘째 부인은 의외로 아주 반갑게 그녀를 맞이한다. 자신의 이름은 탁운(卓雲: 줘윈)이라며 왜 학업을 포기했느냐고 묻는다. 아버지가 돌아가시고 가세가 기울었다고 대답한다. 송련이 발 안마에 대하여 묻자 "대감이 묵는 날에만 홍등이 켜지고 발 안마도 받는 거야. 이런 어린 색시를 맞이했으니 한동안 난 호강하긴 틀렸어. 그걸 우습게보지 마라. 매일 발 안마를 받다보면 집안에서 입김도 세지게 돼. 난 고작 계집애만 낳았어."라고 한다. 셋째 부인을 찾아가려는 송련에게 극단 가수였고, 미인이며 노래도 잘하지만 교활한 편이라고, 어제 저녁에 아프다며 대감을 불러낸 것은 셋째 부인의 꾀병이었다고 알려준다.

셋째 후원에서 대감이 나오자 홍등이 꺼진다. 인사를 하려는 송련에게 셋째 부인은 다음에 오라며 거절을 한다. 집사가 그녀의 아들을 소개하지만 송련은 외면하며 돌아선다. 안아는 그녀의 몸종이 된다. "대감께서 널 아낀다고 부인 삼을 것 같니? 넷째 부인이 될 거 같니? 넌 하녀로 태어난 거야. 넷째 부인을 잘 모셔야 돼."라며 나이든 하녀가 충고를 한다.

식사 시간에 셋째 부인과 인사를 나눈다. 송련이 두부요리를 원한다고 하자 곧 두부요리가 준비된다. "집안 법도에 의하면 날 모신 사람이 음식을 주문할 수 있지."라고 대감이 말한다.

밤이 되면 4명의 부인들은 각자 문 앞에서 대감의 명령을 기다린다. 송련의 문 앞에 큰 홍등이 세워지자 넷째 후원에 등을 밝히라는 소리와 함께 다른 부인은 문안으로 들어간다. 곧이어 발 안마가 이어지고 어느새 익숙해진 그녀의 모습이 보인다. "며칠만 지나면 떠나고 싶은 마음이 없어질 거야."라고 대감이 말한다.

또 병이 났다는 셋째 부인의 부탁을 대감은 거절한다. 꼭두새벽부터 노래를 부르는 셋째 부인 때문에 잠이 깬 송련은 옥상으로 가서 그녀와 실랑이를 하고 돌아오자 안아가 대감의 시중을 들고 있는 모습에 이상한 느낌을 받는다. 화가 나서 우는 송련에게 "발 안마 받는 걸 부러워하는 사람도 있다."며 후원을 떠나자 '등을 꺼라'는 집사의 소리와 함께 등이 꺼지기 시작한다.

셋째 후원에 등이 켜진다. 어느새 발 안마의 습관에 젖은 송련은 안아에게 발 안마를 부탁한다. 혼자 쓸쓸히 지내는 그녀에게 둘째 부인은 "이 집에서는 그러면 안 되지. 며칠만 그렇게 지내도 하인들이 무시할거야." "대감은 마음 내키는 대로 거처를 정하잖아요."라고 반박하자 "등을 밝히는 관례는 조상 대대로 내려온 법도야." 비단을 선물로 주며 그녀를 위로한다. "위층의 조그마한 방은 뭐죠? 굳게 잠겨있던데." "거기 가지마. 모두 여자 조상이 목매달아 죽었어. 이 집의 금기사항이야."라고 한다.

대감의 출타로 4명 부인만의 식사시간에 송련은 두부요리를 원하지만 거절당한다. 그러나 셋째 부인은 보란 듯이 자신이 좋아하는 고기찜을 요구하자 즉시 준비하는 하녀들은 "오늘 주로 고기요리였는데……" "대감께서 셋째 부인 방으로 드셨잖아. 대감의 마음이니 우리는 분부대로 따를 뿐이야."라는 대화를 나눈다.

식사를 거절하고 방으로 돌아온 송련은 아버지의 유품인 피리를 보며 향수에 젖는다. 셋째 부인은 그녀에게 마작을 권한다. 화가 난 그녀에게 "반찬 때문에 화났어."라고 하자 "무시할 수 없는 문제죠."라고 대꾸한다. 이 집의 주치의인 고(高)의원, 고의원 친구, 셋째와 넷째가 마작을 한다. 셋째의 방은 경극무대처럼 꾸며져 있었다. 고의원은 왜 학문을 포기했느냐는 질문에 "학문이 무슨 소용이에요. 어차피 대감의 노리개감인 걸요."라고 송련은 대답한다. 그리고 그녀는 셋째 부인과 고의원의 관계를 알게 된다. 예정보다 일찍 돌아 온 대감은 둘째 후원을 찾는다. 둘째 부인은 대감의 몸을 열심히 안마하면서 "대감! 아들을 낳고 싶어요."라고 말한다.

가을(秋)

비가 억수같이 쏟아지는 밤. 송련은 지붕에 있는 방 때문에 이 집에는 귀신의 기운이 감돈다고 하자 대감은 2명의 여자 조상이

죄를 지었기 때문이라고 한다. 그녀는 "첩이었나요?"라고 묻는다. 그리고 안아가 훔쳐보고 있다고 대감에게 전한다. 식사에는 두부 요리가 준비되었고 집사에게 송련은 밥상을 가져다 달라고 하자 대감은 그렇게 하라고 명령한다. 이와 같은 행동에 놀란 3명의 부인 중 셋째는 "대감이 내방에서 주무실 때 나도 방에서 먹겠어요."라고 첫째 부인에게 말한다. "난 상관없네. 난 한물간 늙은이 일세. 조만간 너희들 때문에 집안이 조용할 날이 없겠다."라고 예시한다.

피리가 없어진 걸 안 송련은 안아를 의심한다. 거처를 찾은 송련은 안아가 훔친 홍등으로 방을 밝혀놓은 사실을 알게 된다. "너같은 종년이 등에 손을 대다니…"라며 피리를 찾는데, 송련이라는 이름과 온통 바늘이 꽂혀있는 인형을 발견하고는 경악한다. "넌 내 이름을 쓸 줄 모르잖아. 누가 써줬는지 말해. 등 훔친 건 비밀로 덮어둘게."라는 말에 안아는 둘째 부인의 계략임을 알려 준다.

송련을 찾아온 둘째는 어제 대감이 머릴 자르면 좀 젊어 보이겠다고 해서 머리를 잘라달라고 부탁한다. 송련은 머리를 자르면서 둘째 부인의 귀를 잘라 버린다. 대감은 며칠 더 있다 가겠다는 말로 둘째 부인을 달랜다. 송련은 둘째 부인에게 고의가 아니라며 용서를 구한다. 그러나 둘째 부인은 "우린 사이가 좋잖아. 오히려 내가 고맙다고 해야 할 판이야. 이런 일이 없었다면 대감이 내게 오지도 않았을 거야."라고 한다.

홍등이 켜진 방에서 안아가 발 안마를 받는 상상을 하고 있을 때 송련 또한 안아에게 발 안마를 부탁하지만 그녀는 거절을 한다. 한편 송련은 임신했다는 거짓말을 한다. 임신을 했다는 소식에 대감은 "백세를 누리도록 항상 등을 켜놓게."라는 명령을 한다.

겨울(冬)

발 안마와 함께 송련은 최고의 예우를 받는다. 방으로 상도 받쳐지고, 둘째 부인이 안마를 해주는 모습도 보인다. 그러던 중 안아는 송련의 속옷에서 월경의 흔적을 발견하고 둘째 부인에게 알린다. 둘째 부인은 대감에게 넷째 부인의 진찰을 건의한다. 주치의 고 의원의 진찰로 임신이 아니었음을 알고 "날 갖고 놀았어. 우리 집의 법도에 따라 등을 봉해라."는 명령이 떨어진다. 송련 주위의 모든 등을 검은 천으로 봉해 버린다. 화가 난 송련은 "어떻게 알고 의원이 왔지? 내 속옷은 어디 있지?"라며 안아가 숨겨놓았던 등을 찾아 진상을 밝힌다. 첫째 부인에게 "하인 주제에 등을 숨겨놓다니 우릴 우습게 아는 처사입니다. 이 집의 법도에 따라 등이 봉해졌지만 나는 마님이고 하인은 어디까지나 하인이에요. 오늘 대감도 안 계시니 흑백을 가려주세요."라고 건의하자 첫째 부인은 관례대로 처리하라며 그곳을 떠난다.

등은 불태워지고 잘못을 시인하면 풀어준다는 배려에도 안아는 거부하고 견디다 결국 쓰러진다. 돌아온 대감은 우리가 하인을 죽였다고 욕먹을 것이니 병원으로 옮겨 좋은 약을 쓰라고 명령한다.

옥상에서 노래를 하는 셋째 부인에게 송련은 노래가 듣기 좋다고 칭찬한다. 셋째 부인은 "연기는 연기일 뿐이다. 연기는 잘하면 남을 속일 수 있어. 서투르면 자기가 당하게 돼. 자기를 속일 수조차 없을 때 귀신을 속이라고. 사람과 귀신은 백지장 차이에요. 사람이 귀신, 귀신이 사람이죠. 안아에게 너무 가혹하게 하지 말아요. 고작 부인이 되겠다는 꿈을 꾼 것뿐이야."라고 하자 송련은 "배후인물을 찾고 싶다. 점등·멸등·봉등이 다 무슨 소용이에요. 이 집에서 사람은 대체 무슨 존재인지 모르겠어요. 개·고양이·

146

쥐와 다를 바 없죠. 사람도 아니에요. 윗방에서 목매달아 죽고 싶어요."라고 하자 "아무렴 어때? 이대로 살아가지 뭐. 너무 서러워할 필요 없어. 나처럼 종일 즐거워지려고 노력하잖아." "고의원이 있는데 즐거운 것은 당연하죠?" "다시는 그런 소리 말아라. 고의원을 만나러 가는데."라며 빈정댄다.

나이든 하녀에게 송련은 오늘이 20번째 생일이니 술을 달라고 부탁한다. 안아가 임종 전에 자신의 이름을 부르다 죽었다는 소식을 듣고 "살면 고생이니 차라리 죽는 게 나은데 울긴 왜 울어? 죽는 게 백 번 낫지."라고 스스로 위로하며 술을 마신다. 술에 취한 송련은 "대감은 둘째 부인을 좋아하고, 셋째 부인은 고의원을 만나러 갔는데, 난 뭐죠? 난 무서울 게 없어."라고 술주정을 한다.

둘째 부인은 여관에서 고의원과 함께 있던 셋째 부인을 붙잡아 온다. 셋째 부인은 위층 꼭대기 방으로 끌려간다. 뒤를 따라가던 송련에 의해 '살인마'라는 비명소리가 퍼져 나온다. "너흰 살인마야. 너희가 매산(梅珊: 메이산)을 죽였어."라고 울부짖는 송련에게 대감은 넌 아무 것도 못 봤어. 넌 미쳤어! 라고 말한다.

어느 날 셋째 부인의 방에 불이 켜져 있고 노래 소리가 들린다는 말에 주위를 이리저리 살펴보던 집사와 하인들은 귀신의 짓이라며 달아나는데 송련의 모습이 보인다. 그녀는 셋째 부인 방의 모든 등을 켜고 축음기에서 흘러나오는 노래를 듣고 있었다.

그 다음해 여름
폭죽소리와 함께 다섯째 부인의 결혼이 이어진다. 홍등이 켜지고 발 안마 소리가 들리는 똑같은 장면이 펼쳐진다. 넷째 부인인 송련은 처녀 때 옷을 입고 머리가 엉클어진 정신 나간 모습으로 홍등을 켜고 집안을 서성거린다. 오지 않는 대감을 기다리며.

3. 영화 내용 분석

쑤퉁(蘇童)의 소설을 각색한 작품 「홍등」에서 장이머우 감독은 중국 문화와 사회에 대한 심원한 심리적 통찰을 하고 있다. 이 영화는 지금까지 중국 영화의 꽃을 피워낸 가장 포괄적인 문화비평 연구라고 할 수 있다.

「홍등」이 진행되는 밀폐된 환경은 막강한 힘을 가진 지배자 진좌천(陳佐千: 천쭤첸)의 집이다. 진좌천의 네 번째 부인인 여대생 송련(頌蓮)은 집사의 마중을 받는다. 그녀는 새로운 정신을 전수하는 대학에서 미로 같은 저택으로 들어오게 된다. 그녀는 모든 삶을 삼켜버릴 듯한 벽돌 사이의 좁은 복도와 작은 공간들을 지나 출구 없는 길을 걸어간다. 카메라는 대문을 지나가는 송련의 발걸음을 따라가며 생명을 느끼게 하는 어떤 표식도 보여주지 않는다. 차가운 돌과 정원 등 공간의 지배를 받는 경직된 모습들이 이어진다.

이곳에 도착한 이후 송련은 자신도 모르게 이 집의 생활에 빨려든다. 그녀가 예를 갖추기 위해 조상의 사당을 방문해야 할 때, 현존하는 사회의 위계질서가 분명히 드러난다. 조상의 예가 끝난 다음 서열에 따라 차례로 세 명의 부인들을 찾아가 인사를 한다. 이 부인들은 억압된 중국 사회의 각 세대를 대표하게끔 정확히 나이 차가 난다.

송련은 이 첫 대면을 통해 자신의 동지와 적을 구분하게 된다.

저녁이 되면 가장(家長)의 선택을 받은 부인의 방에는 홍등이 켜지고 그 부인은 의례처럼 발 안마를 받으며 대감마님을 기다린다. 여기서 벽으로 둘러싸인 폐쇄된 체제의 불합리한 경직성이 드러난다. 그러나 그 누구도 이런 의식의 본래 의미를 알지 못한다.

진좌천은 영화 전편에 걸쳐 단 한 번도 얼굴을 보여주지 않는다. 그저 어렴풋한 모습으로만 비친다. 그는 전통에 의해 규정된 인간관계를 보여주는 전형이다.

이날 밤부터 송련은 주인의 총애를 얻기 위해 다른 부인들과 경쟁을 벌인다. 이 경쟁에서 승리한 여인은 종족번식의 수단이자 성적인 탐욕의 대상이 된다. 그러나 이것은 그녀에게 개성의 상실을 의미하며, 그들을 언제든지 바꿀 수 있는 가구(家具)로 취급하는 체제에 대한 순응을 뜻한다.

첫 번째 부인은 자신의 개성을 완전히 죽여 버렸다. 개성을 없애버림으로써 그녀는 인형처럼 움직이는 하인과 마찬가지로 체제의 도구가 된다. 반면 나머지 세 여인과 하녀 안아는 대감의 총애를 얻기 위해 온갖 계략을 꾸민다. 특히 안아는 낮은 신분에도 불구하고 당돌한 꿈을 가지고 자기가 시중드는 송련의 경쟁자와 내통한다. 주인의 성적 접근에 한껏 부푼 안아는 송련의 자리를 빼앗으려 하는 것이다.

안아는 부인들만 사용하는 홍등을 훔쳐다 자신의 방에 걸어놓고 마님으로 격상하고 싶은 현실적으로 불가능한 소망을 기원한다. 결국 송련이 이 꿈을 깨뜨려 버리고 말지만, 안아는 죽음을 대가로 여성 비하적이고 인간 비하적인 이 체제에서 탈출하는 유일한 여성이 된다. 마님의 홍등을 훔친 죄로 안아는 눈이 쌓인 마당에서 벌을 받는다. 그녀는 자신의 목숨을 구걸하지 않는 태도를 보이다 끝끝내 실신한다. 안아를 살려야 한다는 주인의 걱정스러운 말도 사실은 남의 이목을 의식한 겉치레에 불과하다. 결국 그녀는 죽고 말았지만 이 집의 생활에는 어떤 동요도 일어나지 않는다.

두 번째 부인 탁운(卓雲)은 처음에는 다정다감한 여인으로 등장한다. 그러나 시간이 흐르면서 탁운의 검은 계략은 서서히 드러나고, 마침내 그녀는 송련의 가장 위험한 적이 된다.

세 번째 부인은 매산(梅珊)이다. 그녀는 감옥과 같은 집을 박차고 나와 성적인 봉기, 즉 간통을 일으키게 되는데 지붕 위의 옥탑방에서 참혹하게 죽는다. 매산의 죽음은 죽음을 통한 해방이라고 할 수 있다. 폐쇄된 옥탑 방에서 그녀는 타살이나 진배없는 자살을 한 것이다. 성적 규범과 전통의 금기를 깨뜨림으로써 지배자의 권위에 도전했던 과거의 수많은 여인들의 전철을 그녀도 되밟은 것이다.

한편 임신을 가장하여 주인의 사랑을 독차지하려 했던 송련은 거짓이 들통 나면서 광기에 빠져들고 만다. 이리하여 교활한 두 번째 부인이 최후의 승리자가 되는 듯이 보인다. 그러나 기회주의와 계략으로 그녀도 자신의 죽음을 감수해야만 한다.

다섯 번째 부인이 도착한 것이다. 이제 또다시 과거의 유희가 반복될 것이고, 탁운은 지속적으로 재생산되는 청춘과 아름다움 앞에서 자신의 무력함을 인식할 수밖에 없을 것이다. 동시에 다섯째 부인의 도착은 이 체제 안에서는 자신을 관철시키려는 의지가 아무런 의미도 가망도 없음을 암시한다.

겉으로는 거칠 것 없어 보이는 진좌천 자신도 전제주의적인 체제에서 통치자가 겪는 부자유를 드러낸다. 하지만 가장 고달픈 운명의 주인공은 이 통치자의 부인들이다. 강제결혼을 하여 폐쇄된 환경에서 살아가야 하는 그들은 통치자의 지배에 복종하든가 아니면 거부함으로써 자유를 찾을 수밖에 없다. 하지만 거부는 십중팔구 개인적인 패배나 죽음으로 끝이 난다.

진좌천의 집에 사는 여인들의 4개의 마당은 이 영화의 제한된 공간인 동시에 엄격하게 구조화된 계절의 구분과도 일치한다. 공간과 시간은 더 이상 인간의 자유가 전개되는 범주가 아니라 현실이다. 영화에서 제시된 1년은 한 인간의 인생을 상징하고 있다. 여름이 돌아오는 것과 세 번째 부인을 대신해 다섯 번째 부인이 도착하는 것은 동일한 것의 영원한 반복과 희망 없는 미래를 암시한다.

4. 결 론

「붉은 수수밭」·「국두」에 이은 장이머우 감독과 궁리 콤비의 3번째 작품으로 처첩들 간의 간정, 모살, 애증 그리고 그에 따른 비극이 내용의 근간을 이루며 이를 통하여 여인들의 인권을 다뤘다. 장이머우 감독의 작품 중 서구에 가장 좋은 평가를 받은 「홍등」은 집주인이 첩들의 방중에서 그날 기거하게 되는 방 앞에 걸리는 등을 말한다.

「홍등」에서 보여준 1920년대 중국의 전통적 권력구조는 현재의 권력구조로도 읽힌다. 또 전통적 권력기구의 경직성은 현재의 권력기구의 경직성에 대해서도 알게 해준다. 「홍등」이 진행되는 밀폐된 환경은 막강한 힘을 가진 지배자 진좌천의 집이다. 그 뒤에는 중국 사회가 숨어 있다. 반면 영화의 등장인물들은 중국 사회의 착취당하는 인민을 연상시킨다. 집주인은 눈에 띄지 않게 간헐적으로 조용히 등장함으로써 말년의 모택동과 폐쇄적인 중국을 상기시킨다.

밀폐된 환경은 대기권의 변화도 이 세계에는 침투하지 못하는 것 같다. 그래서 태양이 화면에 비치는 일은 없다. 얇게 깔린 눈을 통해 인식할 수 있는 겨울도 그 자체가 죽음의 상징이며, 여름의 극적인 상승에 이어 가을은 시간과 줄거리의 중심이다. 겨울이 불러일으키는 죽음의 분위기는 봄을 지나 어떤 푸른 잎도 밝게 빛나지 않는 이듬해 여름까지 계속된다.

「홍등」은 영화 속에 존재하는 전통적 사회형태를 넘어서 직접적으로 중국공산당의 지배를 겨냥하고 있다. 공산당은 진좌천 가문의 전통이나 의식과 다를 바 없는 전체주의 체제를 구축하고 인민(진좌천의 부인들과 하인들)의 정체성 발견의 모든 가능성을 빼앗아버렸다. 그로 인해 생겨난 공백을 그들은 자신의 이데올로기와 상징(홍등과 전통) 그리고 무엇보다도 모택동(진좌천과 그의 조상들)의 숭배로 채워버렸다.

「홍등」의 전개과정을 중국의 문화대혁명과 같은 맥락에서 이해할 수 있다. 영화 속의 여성들이 서로를 죽음으로 몰아넣었듯이 이 시기의 사람들 역시 그들이 어린 시절부터 배워 온 증오를 폭발시켜 서로에게 상처를 주었다. 이 영화는 바로 이런 연관성을 보여주고 있기 때문에 그 역사적 영상미를 뛰어넘어 중화인민공화국의 정치적 알레고리로 읽히는 것이다.

II. 중국의 처첩제도(妻妾制度)에 대하여

영화 「홍등」에 나오는 가족관계는 일반적이 아니라 특수한 형태인 셈이다. 이를 통해 1920년대의 처첩제도 및 봉건적인 결혼제도에 대하여 고찰하고자 한다.

남자들은 그들의 조상과 후손에 대한 의무들을 의식하고 있었고 가족을 집안 모든 사람으로 망라하는 한 혈통으로 보고 있었다. 따라서 묘당(廟堂)에서 드리는 제사를 이어받을 수 있는 남자아이를 생산하는 것은 조상들뿐만 아니라 자신에게도 유익함을 주는 신성한 의무였다. 우리는 여기에서 근래까지도 중국에 팽배해 있던 일부다처제의 가족제도를 설명할 수 있는 강한 모티브를 찾을 수 있다.

아내 한 사람만으로는 남아 생산에 실패할 수 있기 때문에, 남자는 여러 명의 남아를 낳을 수 있는 몇 명의 아내를 두어야 했다. 조상은 이러한 측면에서 살아있는 자손들의 생활에 참여했고, 살아있는 자손들은 그들의 대소사를 조상에게 아뢰었다. 조상숭배는 중국인의 종교생활의 토대였으며, 그 전통은 계속 이어져오고 있었다.

첩은 사회적으로 더욱 어려웠다. 왜냐하면 그녀들은 대부분 먹고 살기조차 힘겨운 빈궁한 집안 출신이었기 때문이다.[23] 그러나 한 집안의 일원으로 있는 한, 그녀의 사회적 지위와 권리는 관습에 따라 잘 유지되었으며 남편으로부터 충분히 보호받고 부양받

---

28) R · H · Van Gulik 저, 張源哲 옮김, 『中國性風俗史(Sexual Life in Ancient China)』, (서울 : 도서출판 까치, 1996), 29-30쪽.

았으며 그녀의 자녀들도 가족의 재산을 상속할 수 있었다.

여자가 결혼해서 남자 가족의 일원으로 들어갈 때 달갑지 않은 훼방꾼이란 느낌을 줄 수 있었고, 대개 그녀가 새로운 상황에 적응하기 위해서는 어느 정도 시간이 소요되었다. 그러기에 결혼한 이후 오래지 않아 그녀는 가족의 일원으로 완전하게 융합되었다. 어린애 특히 남자아이를 낳을 경우 그녀의 위치는 더욱 확고해진다.

그 후에도 그녀는 여전히 다양한 감정상의 갈등에 직면하게 된다. 남편에 대한 그녀의 사랑과 첩들에 대한 남편의 애정 및 의무 사이에서 서로 납득할 만한 균형이 이루어져야 했고, 그녀는 일반적으로 집안의 여성들 사이에 존재하는 동성애적인 반목과 호감 문제에 대한 그녀 자신의 태도를 분명히 정해야 했다. 여성들 사이에서 날카로운 대립이 자주 일어났고 섬뜩한 비극도 적지 않게 일어났다.

중국에서 처첩들은 법과 관습에 따라 일정한 신분과 권리를 부여받았다. 남자는 여자들의 권리를 존중했으며 성적 만족과 경제적 부양뿐만 아니라 개인적 애정과 갖가지 기호와 약점 그리고 여성들 사이의 관계와 같은 보다 미묘한 영역까지 배려해야 했다. 만일 가장이 여러 의무 가운데 하나라도 소홀히 하면 혼란이 일어난다. 조화롭게 가정을 이끌지 못할 경우 남자는 나쁜 평판을 듣게 되고, 그의 경력은 손상을 입었다.

처첩제로 구성된 가족은 대체로 당시 사회의 가족 구성에서 어느 정도의 비율을 차지할까? 중화민국 시대에 중국 현지를 조사한 사회학자 올가 랑(Olga Lang)에 따르면, 처가 어느 정도 근대 교육을 받은 288개의 가족 중에서 첩이 있는 경우는 21개 가족으로 약 7.3%이었으며, 옛날식 교육을 받은 531개 가족 중에서 97개 가족(18.3%)이 첩을 두고 있다고 보고했다. 위의 비율은 당시 교육여부에 따른 부유층의 처첩제를 이해하는 데 도움을 준다. 즉 신식교육을 받은 부인의 가족이 구식 교육을 받은 부인의 가족에 비해 첩을 두는 비율이 낮다고 할 수 있다. 이것은 당시의 신지식 여성층이 축첩에 반대하였고 남편들 역시 부인이 자신을 이해한다고 생각하였기 때문이라고 올가 랑은 해석한다.

　그렇다면 새로운 방식의 교육을 받은 남편들도 구식 교육을 받은 남편들 중에서도 축첩을 하는 경우가 옛 교육을 받은 남편과 비교해 볼 때, 숫자상에서 큰 차이를 보이지는 않는다. 따라서 교육받은 신여성들의 증가 덕택에 청(清)대보다 민국(民國)시대에 이르러 젊은 미혼 남녀가 가정을 꾸리는 핵가족 형태의 비중이 늘어갔고 반면 축첩이나 동양식, 데릴사위와 같은 형태의 결혼제도는 줄어들었다.

제9장. 「징기즈칸」: 몽고제국의 성립

I. 「징기즈칸」

원 제 : 「成吉思汗」(Cenghis Khan)
감 독 : 새부(塞夫)·맥려시(麥麗絲)
주인공 : 애려아(艾麗婭)·도문(圖門)
제작사 : 내몽골영화사·思遠影業公司
제작연도 : 1998년

1. 몽고 왕국의 성립

원조비사(元朝秘史)에 의하면 징기즈칸은 1155년에서 1167년 사이에 달리칸볼닥에서 태어났다. 부친 예쉬게이는 보르지기드 부족장이었고 모친은 울쿠누굿 부족출신의 호겔룬이다. 징기즈칸의 원래 이름은 테무친(鐵木眞: Temüjin, Temuchin)이었다.

후세 몽고 민족의 주체로 된 몽고 부족은 이전의 유연 부족이 돌궐에게 격파된 때 동북 만주의 한구석으로 도망친 사람들의 후예였다. 위구르 제국이 붕괴한 후에 일어난 북아시아 초원지대의 정치적 동요를 틈타 몽고 초원 북부로 이주해 와서 그곳에 거주지를 정하고 점차 세력을 굳힌 것 같다.

요가 망하고 금이 일어난 무렵 몽고고원에는 이 몽고족의 동쪽에 타타르족, 남쪽에 옹구트족, 서남 부근에 게레이트족, 서북 부근에 메르키트족, 서방에 나이만족, 서북방에 오이라트족 등 여러 유목 부족국가들이 있었다. 이들은 남방의 대제국 금으로부터 끊임없는 정치적 압박을 받으면서도 서로 초원지대의 패권을 다투고 있었다.

몽고 부족에 테무친 징기즈칸이 출현한 무렵의 몽고고원은 이러한 부족 국가들의 격심한 항쟁 가운데에 있었다. 그리고 몽고 부족은 타타르, 게레이트 등 유력한 인근 국가의 압박을 받아 국내는 사분오열되고 내부 분쟁으로 세월을 보내고 있었다.

젊은 징기즈칸은 이 혼란 속을 교묘하게 헤엄치면서 당시 초원의 패자였던 게레이트족의 왕자 온 칸의 원조 하에 분열된 몽고 부족을 점차 통일하고 메르키트족을 쳐부수고 타타르족을 정벌하여 세력을 신장하고 있었다.

몽고 부족 국가들의 왕자가 된 징기즈칸은 이어 초원의 패자(覇者)가 되려 하였으므로 당시 패자이면서 그의 옹호자였던 온 칸과 대립했다. 그러나 그는 이를 부수고 게레이트 왕국의 병합에 성공했고, 끝으로 서방의 나이만 왕국을 멸망시켜 몽고고원의 통일을 이룩하고 1206년 몽고 유목 전제국가를 세웠다.

2. 몽고 왕국의 구조

이 몽고 신왕국은 이미 돌궐이나 위구르 제국에서 찾아볼 수 있는, 옛날식의 부족제적 연합정권은 아니었다. 그것은 징기즈칸

개인의 권위 하에 조직된 행정·군사 단위로서의 천호제(千戶制) 위에 선 새로운 형태의 국가였다.

'천호의 제'란 천호 밑에 약간의 백호(百戶)가 포함되고 백호는 십호로 분해된다는 10진법적 군사 편성법식에 기초하여 만들어진 유목민의 새로운 조직이었다. 그리고 천호·백호의 우두머리는 모두 징기즈칸이 신뢰하는 충성스러운 장군들로 임명되었다. 이들 장군은 새 유목 왕국의 행정 장관임과 동시에 그 관할구로부터 징집한 같은 이름의 병단 지휘관이었다.

여기서는 상무(尙武)적인 유목민 사회에 적합한 행정·군사의 일체화가 취해지고 있었다. 게다가 이들은 노얀(官人)이라고 불리며 그 지위가 세습되었으므로, 이른바 새 왕국의 관료 귀족군을 형성했음은 당연한 일이었다. 즉 관료 귀족이라는 자격으로 그들은 징기즈칸 일족의 영주계급에 다음 가는 왕국 내의 유력한 지배계층이 되었다.

징기즈칸은 또 이들 새로운 지배 계층 자제를 궁정에 모아서 이들에게 훈련을 시키고 또 여러 가지 특권을 주어 황제 친위군을 만들었다. 이 친위군은 특히 케시크테이(Keshiktei: 은총받은 자)라고 불리며 외부의 천호·백호의 행정 집단으로 조직되는 몽고 국군에 대해 특히 그 중핵을 이루는 최고 정예 부대가 되었다. 따라서 여기에 들어가는 것은 유목 귀족층 자제의 의무라기보다는 오히려 특권이며 명예라고 여겨졌다.

그들은 평소 몽고 제국의 최고 주권자이고 최대의 영웅이기도 한 징기즈칸의 주변에서 그를 모시고 있으면서 몸으로 그 훈도를 받고 충성심을 키운 뒤 할아버지, 아버지 뒤를 이어 유능한 천호·백호의 장이 되어 몽고 왕국의 방패가 되었다. 이와 같이 몽

고 왕국은 어디까지나 징기즈칸 개인의 정치적 권위 하에 만들어
진 새로운 형의 유목적 전제 왕국이었다.

3. 몽고 왕국으로부터 몽고 제국으로

몽고 고원에서 이러한 유목 통일 왕국이 탄생한 것은 위구르
제국 붕괴 이래로 커다란 정치적 현상이었다. 오랫동안 비어 있던
북아시아에 돌연히 신흥국이 출현함으로써 이른바 커다란 정치적
태풍의 눈이 생긴 것이다. 이 강력한 태풍 가운데로 당시 유라시
아 대륙의 여러 국가는 점차 휩쓸려 들어가서 쓰러져갔다.

징기즈칸은 우선 동투르크스탄 방면을 경략(經略)하고 위구르
왕국, 이어 카라키타이 제국을 대신한 나이만 왕국을 멸망시키고,
일찍부터 당시 동서 무역에서 활약하고 있던 서아시아 대상단(隊
商團)의 정치적 중요성에 주목하고 그들이 가지고 있는 각국에
관한 풍부한 정보와 잠재적 부력을 이용하면서 몽고 왕국의 비약
적 발전의 길을 열었다.

우선 첫 번째 목표는 몽고 왕국의 남방에 펼쳐 있는 광대하고
물자가 풍부하면서도 인구가 넘치는 금(金)국이었다. 금은 북아시
아의 유목 민족 전체를 복속시키고 있던 대국으로 몽고 부족 국
가도 이전에는 그 지배하에 굴복하고 그 발흥에 즈음해서는 금나
라로부터 그때마다 가혹한 반격을 받아 몽고 부족에 있어서는 숙
적이었다.

징기즈칸은 이 숙원을 이유로 1211년부터 금나라에 매년 집요
하게 침입을 기도하기 시작했다. 최초는 그 본토인 만주에 침입하

고 나아가 장성을 넘어 화북·산서의 땅을 공략했다. 그리고 그때마다 엄청난 수의 포로를 약탈해 와서 몽고 각지로 강제 이주시켜 소위 유목 도성을 짓고 국내의 수요 증대, 특히 군수 물자의 절실한 요구에 부응하게 했다. 곧 국내가 충실해지자 다음에는 금국 영토 점령과 정복이 시작되었다. 그리고 1215년에는 그 수도 연경(북경)성이 몽고군 수중에 떨어졌다.

1219년 겨울부터 시작된 호라즘 제국에 대한 징기즈칸의 전면적 공격은 몽고군에게 극히 순조롭게 전개되었다. 호라즘 국왕의 망설이는 태도, 특히 국왕과 국왕 모친 휘하에 있던 토르코만 장군 사이의 불화에 의해 호라즘 국군은 노도같이 밀어닥치는 몽고군에게 효과적인 반격을 가할 여유도 없이 사건 발상지인 오트랄성을 비롯하여 보하라, 사마르칸드, 우르겐지의 도성은 각각 고립된 채 몽고군 수중에 떨어져 나갔다.

징기즈칸은 금국을 쳐서 만주로부터 화북을 손에 넣고 나아가 동투르키스탄을 복종시키고 이제 또 호라즘 제국을 멸망시켜 서아시아의 광대한 영토를 첨가함으로써 아주 작은 몽고부족 국가로부터 전제 왕국을 거쳐 일대 유목 제국을 구축할 수 있었다.

이 유라시아 대륙에 걸친 방대한 영토를 지배하기 위해 징기즈칸은, 그중 북방 초원지대는 왕실을 중심으로 하는 자기 친족에게 나누어주고 각각 반독립적 유목령국을 형성하게 하였다.

그리고 이 초원지대 남쪽에 퍼져있는 농경·도성 지대는 이들 유목 영주를 일족의 이른바 공유 가산(家産)으로서 일괄하여 중앙 정부 속령 관리 하에 두고 그로부터 바쳐오는 세수입을 나누어준다는 방침을 취했다.

이리하여 유목적 전제 왕국을 중핵으로 하여 그 주변에 반독립

적 영국(領國)과 광대한 속령을 가진 유목 제국이 완성되었다. 그
것은 이전의 위구르 제국 내지는 거란 제국보다 규모가 훨씬 크
고 또 진보한 형태를 띤 유목 제국의 모습이었다.

징기즈칸이 창설한 몽고 대제국은 그 사후 일족의 추대에 의해
서 셋째 아들 오고타이한(汗)이 징기즈칸의 세계 정복 위업을 계
승하였다.

제10장. 「티벳에서의 7년」
: 티베트와 달라이 라마

I. 「티벳에서의 7년」

원　제 : 「Seven Years in Tibet」
감　독 : 장 자끄 아노(Jean-Jacques Annaud)
주인공 : 브래드 피트(Brad Pitt)
제작국가 : 미국
제작연도 : 1997년

1. 감독 장자끄 아노에 대하여

　1943년 10월1일 프랑스 드라베일에서 태어났다. 장 자끄 아노는
'프랑스 영화는 소극장(小劇場)용'이라고 서슴없이 말하며 유럽 통
합의 다국적 자본으로 불가능의 프로젝트만을 선별하여 대형 스
펙터클로 완성시키는 전략가로 유명하다. 그는 언제나 "나 자신은
프랑스 국적의 영화인이 아니라 영화를 하는 프랑스인"이라고 선
언하며 끊임없이 코스모폴리탄(Cosmopolitan : 세계주의)적인 영화
를 도전해 왔다.

프랑스보다는 미국을 포함한 외국 시장에서 더욱 인기가 높으며 프랑스 영화의 상업적 한계를 넘어섰다는 찬사와 소재주의의 대가라는 비판을 동시에 받고 있다. 특히 「티벳에서의 7년」은 그의 폭넓은 오리엔탈리즘(Orientalism)이 어느 방향을 지향하고 있는지 확인할 수 있다.

2. 영화 줄거리

임신한 아내를 뒤로한 채 히말라야의 최고봉 중의 하나인 낭가 파르바트(Nanga Parbat)로의 원정을 떠난 오스트리아의 유명 산악인 하인리히 하러(Heinrich Harrer). 강인함과 냉철함 그리고 이기적인 성격의 하인리히는 혹한의 산정에서 몇 번이나 죽을 고비를 넘기지만 이것은 그의 험난하고 기나긴 여행의 시작에 불과했다.

제2차 세계대전의 발발, 영국군 포로수용소의 생활, 그리고 죽음을 건 탈출. 귀향을 위해 선택할 수밖에 없었던 히말라야에서의 사투 그리고 티베트의 '라사'라는 금단의 도시에 이르기까지의 여정을 보여준다.

어느 날, 낯선 땅 티베트의 이방인이 된 하인리히는 티베트의 모든 국민에게 추앙받는 종교적 · 영적 지도자인 13살 어린 나이의 달라이 라마(Dalai Lama)를 만나면서 그의 인생은 바뀐다. 달라이 라마에게 서방 세계의 문명을 가르쳐 주며 우정을 나누게 된다. 그 후, 험난한 정치적 격변의 시기에 처한 티베트에서의 7년의 세월을 보내게 된다.

하인리히는 달라이 라마와의 만남을 통해 영적인 성숙을 경험하게 된다. 하러는 자신이 원하는 모든 것을 가졌었지만 그것이 얼마나 무의미한지 깨닫지 못했으나 자신의 모든 것을 잃고 달라이 라마를 만나 자기 스스로를 존중하는 마음을 얻을 수 있었다. 어린 달라이 라마가 자신에게 끼친 영향이 얼마나 큰지 깨닫고 그가 자신의 진정한 스승이었음을 알게 된다.

중화인민공화국을 건국한 모택동이 새 정부의 첫 번째 임무로 구 영토의 회복을 선언하면서 평화의 땅 티베트에 먹구름이 몰려온다. 중국은 티베트의 합병을 천명하고 총칼을 앞세우며 평온했던 영혼의 나라 티베트에 중국 인민해방군이 진격해 오면서 모든 것이 변하게 된다.

현재 "중국의 점령 이후 백 만의 티베트인이 죽었고 6천 곳의 사원이 파괴되었다. 1959년 인도로 피신한 달라이 라마는 아직도 중국과의 평화적인 해결책을 찾고 있다. 달라이 라마는 1989년에 노벨 평화상을 수상했고 지금도 하러와는 절친한 친구다."라는 자막으로 영화는 막을 내린다.

3. 영화 내용 분석

프랑스의 거장 장 자끄 아노 감독이 제2차 세계대전 당시 오스트리아의 유명한 산악인으로 티베트에서 달라이 라마와 7년간의 교분을 나눈 하인리히 하러의 실화를 바탕으로 한 작품이다. 이 영화는 실제 달라이 라마를 만나고 격변기 티베트 역사의 산증인들과의 인터뷰를 하는 등 18개월간의 철저한 사전 준비를 거쳐 제작되었다. 주인공 하인리히 하러 역에 브래드 피트는 사실적인 히말라야 등정 장면을 연기하기 위해 위험한 산악 훈련도 서슴지 않았다. 한편 이 영화는 오리엔탈리즘의 망령에서 벗어나지 못했다는 혹평도 있었다.

II. 티베트의 역사와 달라이 라마

1. 티베트 역사와 망명정부

티베트는 히말라야 산맥 북서쪽에 자리하고 있다. 4천 미터 이상의 고원인, 지구상에서 가장 높은 티베트 고원에 자리하고 있어서 공기가 희박하고 드넓은 초원과 산맥으로 유명한 티베트는 세계의 지붕으로 불리는 곳이다. 티베트 사람들은 자신의 나라를 '자연의 나라'라는 뜻의 '포(Poe)'라고 부르거나 산의 눈이 여름에도 녹지 않고 쌓여 있어 '눈 덮인 나라'라는 뜻의 캉첸이라고 부른다.

지리적으로 인도, 네팔, 부탄, 미얀마, 태국 등과 접해 있어서 전략적 요충지이며 티베트 고원의 광물자원은 세계 그 어느 곳보다도 풍부하다. 중국이 침략하기 전 티베트는 근대 사회에서 가장 성공적인 환경보존 제도를 갖고 있었다. 야생생물과 넓은 대지에 걸쳐있는 티베트 자연은 불교가 티베트 사람들에게 모든 생물과 무생물의 상호연관성을 가르쳤기 때문에 공식적으로 보존할 필요조차도 없었다.

불교는 사람들에게 짐승을 죽이지 말고 모든 살아있는 것과 주위 환경에 자비심을 가질 것을 가르쳤다. 그리고 무엇보다도 티베트 정부는 동물사냥을 금지했었다. 그래서 티베트는 생태 환경적으로 안정적이었고 환경보존이 티베트인들의 일상생활의 중요한 요소였다.

이러한 티베트의 역사를 간략하게 살펴보면 다음과 같다.

7세기 초 송첸 감포 왕이 티베트 족을 통합하여 최초의 통일국가를 형성하였다. 당나라 태종 때 문성 공주가 송첸 감포 왕에게 시집오면서 종이 만드는 기술 등 중국문화가 전해졌고 또한 티베트에 불교가 전래되고 티베트 문자가 만들어졌다.

그러나 842년 다르마 왕이 즉위한 후 봉건제후의 활거 등으로 내분이 일어나 400년 동안 혼란이 계속되었다. 이로 인해 13세기 몽고족의 지배를 받게 되었는데 이때 정치와 종교를 함께 통치하는 정교합일적인 지배체제가 형성되었다. 원나라 이후 명과 청나라 시대에는 중국의 지배를 받게 되었다.

그러다가 18세기에 이르러 영국과 러시아가 그들의 세력권을 만들기 위해 일부 티베트 상류층과 결합, 중국으로부터 티베트를 분리하려고 했으나 실패했다. 신해혁명 이후 국민당 정부는 30년부터 중국 관리를 티베트에 파견하였고 34년에는 수도 라사에 몽장(蒙藏) 위원회 주(駐) 티베트 사무소를 설치, 중국의 티베트 종주권을 유지하였다. 제2차 세계대전에 중립적 입장을 견지한 티베트는 독립정부를 구성했으나 1949년 중국을 장악한 중국공산군에 의해 1950년 침공을 받게 되었다.

중국 공산군의 점령이후 14대 달라이 라마는 UN의 티베트 문제 개입을 호소하였으나 실패하였다. 이에 중국의 종주권과 티베트의 자치권을 인정하는 '17개 조항의 협정안'이 중국 당국의 강요에 의해 강제 체결되기에 이르렀다. 중국군의 동부 티베트 지역 탄압과 달라이 라마의 신변문제를 계기로 1959년 수도 라사에서 대규모 봉기가 일어나자 달라이 라마와 그를 따르는 티베트인들이 인도로의 망명길에 오르게 되었다. 이후 티베트는 중국의 자치구역으로서 중국과 동일한 체제로 가게 되었는데 이 과정에서 사유재산이 몰수되거나 아주 소수의 사원만을 남겨 둔 채 대부분의 사원이 파괴되었으며 대부분의 승려들은 투옥되거나 강제로 환속당했다.

이처럼 1950년 중국이 티베트를 침공하자 14대 달라이 라마 텐진 갸초는 16세의 나이로 14대 달라이 라마에 즉위하고 UN에 티베트 문제를 호소했으나 엘살바도르만 UN 총회에 티베트 문제를 의제로 상정하는 데 지지했고 나머지 국가들은 받아들이지 않아 UN 총회에서 다뤄지지 못했다. 이에 달라이 라마는 베이징에 대표단을 파견하여 협상하고자 하였지만 중국의 강압에 의해 오히려 라사에 중국군 진주를 허용하는 내용을 골자로 하는 "17개조항"에 서명할 수밖에 없었다. 1954년에는 중국을 방문하여 모택동, 주은래 등 중국의 지도자들과 티베트 문제를 협상하고자 노력하였지만 그의 이러한 노력에도 불구하고 종교를 아편이라고 믿는 당시 중국 지도자들의 시각 하에서 또한 "티베트는 불교라는 독약에 물들어 있고, 중국은 이 티베트를 해방하기 위한 어머니나라"임을 강조하고 있는 상황에서 중국의 티베트 점령 상황을 변화시킬 수는 없었다.

1950년 중국의 티베트 침공이후부터 지방에서 티베트 독립을 요구하는 민중봉기가 계속되었고 1959년에 티베트에 유례없는 민중봉기가 일어났다. 티베트인들은 중국군이 달라이 라마를 납치

해갈지도 모른다는 두려움을 갖게 되었기 때문이다. 그들은 이미 캄과 암도 지방의 주요 라마승과 지역 지도자들이 중국 문화공연과 행사에 초대되었다가 아무도 모르게 사라진 고통스러운 경험을 갖고 있었다. 게다가 중국군이 3월 10일 달라이 라마를 경극에 초대하면서 티베트인들은 달라이 라마의 안전을 더욱 염려하게 되었다. 티베트인들은 중국군이 경호원도 없이 오라고 한 점을 더욱 의심하게 되었다.

1959년 3월 10일 대규모 시위가 일어났고 수천 명의 사람들이 달라이 라마가 중국 경극에 참석하는 것을 막기 위해 노블링카 궁을 둘러쌌다. 그 후 며칠 동안 중국이 티베트를 단념하고 완전한 독립을 보장할 것을 요구하는 시민들이 대중 집회를 열었다.

이에 달라이 라마는 이 대규모 집회의 폭발적인 결과를 염려하면서 노블링카 궁 앞에 있는 수많은 티베트 군중들에게 해산할 것과 중국군의 노여움을 삭이고 폭력을 막기 위한 일환으로 중국군 장군에게 편지를 써 티베트인들의 희생을 막고자 하였다. 이때 상황을 달라이 라마는 자서전에 이렇게 적고 있다. "나는 양측의 화를 식히기 위해 그리고 라사의 시민들에게 절제하도록 요구할 시간을 벌기 위해 장군의 모든 편지들에 답장을 했다. 당시 나의 가장 시급한 임무는 비무장한 나의 국민들과 중국군 사이의 피할 수 없는 충돌을 막는 것이었다."

그러나 달라이 라마의 노력에도 불구하고 라사에서 전투가 일어났다. 전면적인 대치와 유혈사태를 막기 위한 모든 노력이 실패하고 중국군의 진압을 최소화하려는 노력은 더 이상 가능하지 않자, 달라이 라마는 그의 국민을 보호하는 데 국제적 지원을 얻기 위해 인도로 망명할 결심을 하게 되었다. 공식적인 통계자료를 통해서 볼 때 당시 1959년 3월 10일 하루 동안 시위에 참석한 티베트인들 중에 1만 5천여 명의 티베트인들이 사살되었으며, 티베트인들의 민중봉기를 진압하는 과정에서 중국은 6,000여개의 불교사원 파괴와 12만 명의 티베트인들을 학살하였다.

현재 티베트의 망명정부는 인도 북부 히말라야 기슭 다람살라에는 '작은 라사'로 일컬어지는 곳에 위치하고 있다. 현재 다람살라에는 망명한 10만 여명의 티베트인들이 살고 있으며 3만 여명의 티베트인들이 네팔과 부탄의 티베트 정착촌에 거주하고 있다. 그러나 다람살라에 망명정부가 수립된 이후로 지금까지 죽음을 무릅쓴 티베트인들의 망명이 이어지고 있다. 이들 중에는 중국에서는 티베트 교육을 받을 수 없기 때문에 부모들이 위험을 무릅쓰고 어린 자식을 다람살라로 보낸 경우가 많다. 현재 다람살라의 티베트 망명정부는 티베트 언어, 역사, 종교, 문화 전반에 걸친 티베트 교육체계가 수립되어 있기 때문이다.

달라이 라마는 티베트 현지의 티베트 전통문화가 중국인들에 의해 사라져가고 있다고 판단하고 티베트 문화를 보존하기 위해 1959년에 티베트 공연예술기관을 설립했고 한편으로 중앙고등티베트학연구소를 설립해 인도에 있는 티베트인들을 위한 대학으로 만들었다. 또한 티베트인들의 생활방식의 핵심인 티베트불교의 방대한 자료를 보존하기 위해 200여개 이상의 사원을 건립하기도 하였다.

티베트 망명정부에는 14대 달라이 라마를 중심으로 종교, 문화, 내무, 재정, 교육, 방위, 보건, 정보, 국제관계 등을 관할하는 행정부와 사법부로서 티베트 최고사법위원회가 있고, 입법부로서의 티베트 국민대표의회는 지역과 종파를 대표하는 46명의 의원

들로 구성되어 있으며, 뉴델리, 뉴욕, 런던, 파리, 제네바, 부다페
스트, 모스크바, 카트만두, 캔버라, 도쿄, 타이베이 등에 티베트
망명정부 대표사무소를 운영하고 있는 실정이다.[24]

2. 달라이 라마의 의미

달라이 라마는 티베트인들에게는 관세음보살의 화신으로 절대적
믿음의 대상이자 정치적 결정권을 갖는 통치권자이다. 달라이는 몽
골어로 '큰 바다'라는 뜻이고 라마는 티베트어로 '스승'이라는 의미
이다. 즉 '넓은 바다와 같이 넓고 큰 덕의 소유자인 스승'이다.

1대 달라이 라마는 타시룬포 사원을 건립한 겐둡 둡파로 시작
해서 2대까지는 강 쪼라는 칭호를 사용하다가 3대부터 '달라이 라
마'라는 칭호를 갖게 되었다. 그 후 5대 달라이 라마 시대, 몽고
로부터 티베트의 주권을 물려받으면서 현재와 같이 정치적·종교
적 통치권자로서 역할을 해왔다.

5대 로산 갸초는 티베트 사람들에게 자비의 부처가 티베트 역
사 내내 달라이 라마로 환생할 것이라고 예언하였고 티베트인들
은 이에 따라 달라이 라마를 선택했다. 티베트 사람들은 달라이
라마가 입적하면 다시 환생한다고 믿기 때문에 환생한 달라이 라
마를 찾아 후대 달라이 라마로 결정한다.

달라이 라마가 죽기 전 그가 환생할 장소를 예시하기도 하지만
예시가 없을 경우 신탁에 의해 새로 탄생할 달라이 라마의 집·
땅, 그 지방의 모습을 자세히 예시하기도 한다. 그렇게 해서 찾은

---

24) http : //www.dalailama.or.kr/home.html

아이에게 전대 달라이 라마가 입적하기 전에 사용하던 염주와 유품들을 섞어 놓고 물건을 고르게 해서 달라이 라마인지 아닌지 확인하게 한다. 그리고 최종 결정은 라사의 조캉 사원에서 행하는 의식을 통하여 선택한다. 이렇게 선택된 아이는 달라이 라마로서의 자질을 갖출 교육을 받고 18세가 되면 정식으로 달라이 라마에 즉위한다.

전대 달라이 라마 입적 후와 다음 달라이 라마가 즉위하기까지의 기간 동안은 티베트 승려 중에서 가장 덕이 높은 사람이 섭정이 되어 달라이 라마의 역할을 대행하게 된다.

14대 달라이 라마 텐진 갸초(Tenzin Gyatso)는 1935년 중국과의 접경지역인 티베트 동북부 암도 지방의 탁처라는 곳에서 가난한 농부의 아들로 태어났다. 어린 시절 이름은 라모 톤둡이었다.

1937년 티베트의 섭정은 13대 달라이 라마의 환생을 찾기 위해 고승들을 지방으로 파견했다. 고승들은 티베트 불교전통에 따라 여러 차례 시험과정을 거쳐 어린 소년 라모를 13대 달라이 라마의 화신임을 인정했다. 이때 달라이 라마의 나이는 만 3살이 되기도 전이었다. 시험과정을 거쳐서 달라이 라마의 화신임을 증명받기는 했지만 그 전부터 소년 라모는 항상 달라이 라마가 살았던 포탈라 궁전이 있던 티베트의 수도 '라사'로 가겠다고 했다. 그리고 어린 소년은 달라이 라마의 화신을 찾으러 관리로 변장하고 왔던 고승들을 '라마'임을 한눈에 알아보았다고 한다.

3. 티베트의 오늘과 내일

흔히 티베트를 세계의 지붕이라고 한다. 지금 그 세계의 지붕이 매우 어려운 상황에 처해있다. 티베트인들이 일상생활에서 겪는 고통뿐만이 아니라 문화와 전통이 말살되고 있다. 티베트의 문화는 거대한 잠재력을 갖고 있는데, 인류가 풍요롭고 행복하게 살 수 있는 이상에 도달할 수 있도록 커다란 기여를 할 수 있기 때문이다. 각기 다른 환경과 문화 속에서 살아가고 있는 인류에게 이상적인 방향을 제시해 줄 수 있는, 그것은 티베트 문화의 전부가 불교문화이기 때문이다.

불교문화와 불교는 약간의 차이가 있다. 불교는 개인적인 노력과 수행이다. 그러나 불교문화는 사회 전체를 위한 것이다. 그 때문에 불교를 믿지 않는 사람에게도 받아들여질 수 있고 심지어는 급진주의자들에게도 가능하다. 불교문화는 과거의 소산일 뿐만 아니라 오늘날의 세계를 위한 방법이기도 하다. 그래서 티베트의 불교문화 보존과 현실 적용에 많은 관심을 갖고 있다. 바로 그 때문에 여러 사람들이 중국 정부에 대해서 협상과 의미 있는 제안을 했지만, 중국은 받아들이지 않고 있는 실정이다.

참고문헌

1. 연구서

佐伯有一 外著, 오상훈 역, 『중국현대사』, 한길사, 1984.

클로디 브로리엘 著, 김주영 역, 『하늘의 절반 : 중국의 혁명과 여성
　　해방』, 동녘 , 1985.

小野和子 著, 이동윤 역, 『현대중국여성사』, 정우사, 1985.

엘리자베스 크롤 저, 김미경 · 이연주 역, 『중국여성해방운동』, 사계절,
　　1985.

森三樹三郎 지음, 임병덕 옮김, 『중국사상사』, 온누리, 1986.

로이드E.이스트만 著, 민두기 역, 『장개석은 왜 패하였는가』, 지식산
　　업사, 1986.

리우스 지음, 이동민 옮김, 『모택동』, 오월, 1988.

숙명여자대학교 아세아여성문제연구소 편집, 『중국여성연구』, 숙명여
　　자대학교출판부, 1989.

마루야마 마쓰유키 著, 천성림 옮김, 『중국근대의 혁명사상』, 예전사,
　　1989.

쟝 세노 外著, 신영준 옮김, 『중국현대사 1911-1949』, 까치, 1989.

武原 著, 천성림 옮김, 『중국근대사』, 예전사, 1991.

장룽 · 존 할리데이 저, 이양자 역, 『송경령평전』, 지식산업사, 1994.

시프린 지음, 민두기 옮김, 『孫文評傳』, 지식산업사, 1994.

小島晋治·丸山松幸 著, 박원호 역, 『중국근현대사』, 지식산업사, 1994.

윤미영 著, 『중국근대여성사』, 태화출판사, 1997.

이나미 리쓰코 지음, 이은숙 옮김, 『사치향락의 중국사』, 차림, 1997.

이양자 著, 『송경령연구 -정치·사회활동과 그 사상-』, 일조각, 1998.

李又寧·張玉法 編, 『中國婦女史論文集』, 臺灣 : 商務印書館, 1981年.

杜芳琴 著, 『女性觀念的衍變』, 河南人民出版社, 1988年.

劉巨才 編著, 『中國近代婦女運動史』, 北京 : 中國婦女出版社, 1989年.

中華全國婦女聯合會 編, 『中國婦女運動史(新民主主義時期)』, 北京 : 春秋出版社, 1989年.

蘭明春·彭萍等 編譯, 『婚姻與家庭模式的選擇』, 四川大學出版社, 1990年.

鮑宗豪 著, 『婚俗文化 : 中國婚俗的軌迹』, 上海人民出版社, 1990年.

呂美頤·鄭永福 著, 『中國婦女運動(1840-1921)』, 河南人民出版社, 1990年.

中華全國婦女聯合會編, 『馬克思恩格斯列寧斯大林論婦女』, 北京 : 中國婦女出版社, 1990年.

劉士聖 著, 『中國古代婦女史』, 靑島 : 靑島出版社, 1991年.

閔冬潮 著, 『國際婦女運動(1789-1989)』, 河南人民出版社, 1991年.

山西省婦女聯合會編, 『馬克思主義婦女觀槪論』, 山西 : 中國婦女出版社, 1991年.

鮑家麟 編著, 『中國婦女史論集續集』, 臺灣 : 稻鄕出版社, 1991年.

2. 영화관련 연구서

주윤탁·김지석 옮김, 『아시아 영화의 이해』, 제3문학사, 1993.

김지석·강인형 지음, 『홍콩 영화의 이해』, 한울, 1995.

김지석 지음, 『아시아 영화를 다시 읽는다』, 한울, 1996.

박영복·최인화 지음, 『제목으로 영화읽기』, 현암사, 1999.

옥선희 저, 『꼭 보고 싶은 여성영화 50선』, 여성신문사, 1999.

슈테판 크라머 지음, 황진자 옮김, 『중국영화사』, 이산, 2000.

마르크 페로, 주경철 옮김, 『영화와 역사』, 까치글방, 2000.

유장근·김원규 지음, 『영화속의 역사읽기』, 경남대학교인문학부, 2001.

이종희 지음, 『중국영화의 어제, 오늘, 내일』, 책세상, 2001.

후지이 쇼조 지음, 김양수 옮김, 『현대중국,영화로 가다』, 지호, 2001.

연동원 저, 『영화 대 역사(영화로 본 미국의 역사)』, 학문사, 2002.

루홍스 슈샤오밍 저, 김정욱 역, 『차이나 시네마(중국영화 백년의 역사)』, 동인, 2002.

이강화 저, 『영화 속의 여성읽기』, 세종출판사, 2003.

윤미영 著, 『영화로 본 중국여성사』, 연문출판사, 2003.

3. 국내에 상영된 영화 및 비디오 자료

「부용진(芙蓉鎭)」, 셰진(謝晉) 감독 , 上海, 1986.

「붉은 수수밭(紅高粱)」, 장이머우(張藝謀) 감독 , 西安, 1987.

「국두(菊豆)」, 장이머우(張藝謀) , 西安, 1990.

「붉은가마(淸晨血色)」, 리사오훙(李少紅) 감독, 1990.

「진용(秦俑)」, 쉬커(徐克) 감독, 1991.

「홍등(大紅燈籠高高挂)」, 장이머우(張藝謀) , 西安, 1991.

「귀주이야기(秋菊打官司)」, 장이머우(張藝謀) , 北京, 1992.

「향혼녀(香魂女)」, 셰페이(謝飛) 감독 , 天津·長春, 1992.

「목인의 신부(五魁)」, 황젠신(黃建新) 감독 , 西安, 1993.

「패왕별희(覇王別姬)」, 천카이거(陳凱歌), 臺北, 1993.

「푸른연(藍風箏)」, 톈좡좡(田將將) 감독, 西安, 1993.

「인생(活着)」, 장이머우(張藝謀), 上海, 1994.

「햇빛 쏟아지던 날들(陽光燦爛的日子)」, 장원(姜文) 감독, 北京, 1994.

「진송(秦頌)」, 저우샤오원(周曉文) 감독, 西安, 1995.

「속 서태후(續 西太后)」, 리한샹(李翰祥) 감독, 1995.

「변검(變臉)」, 우톈밍(吳天明) 감독, 1996.

「풍월(風月)」, 천카이거(陳凱歌), 上海, 1996.

「남경1937(南京1937)」, 우쯔뉴(吳子牛) 감독, 1996.

「아편전쟁(鴉片戰爭)」, 셰진(謝晉) 감독, 1997.

「송가황조(宋家皇朝)」, 장완팅(張婉婷) 감독, 1997.

「티벳에서의 7년(Seven Years in Tibet)」, 장 뤼크 고다르(Jean-Luc
    Godard) 감독, 1997.

· 저자 ·

윤미영
(尹美英)

· 약 력 ·

신라대학교 사범대학 역사교육학과 강사
동의대학교 인문대학 인문학부 강사
인제대학교 인문학부 사학전공 강사
동명대학교 교양학부 강사
사단법인 여성문제연구회 부산지회 이사 역임
중국근현대사 및 중국여성사
「추근(秋瑾)의 여성해방운동에 대한 일고찰」논문으로
숙명여자대학교 대학원 사학과 졸업(문학 석사)
「淸末民初婦女解放運動硏究」 논문으로
중국 북경사범대학 역사학과 졸업(역사학 박사)

· 주요논저 ·

「무술변법시기의 여성해방운동에 대한 일고찰」
「5·4 운동시기의 여성해방사상」
「中國近代婦女愛國運動與女權運動」
「國共合作初期的婦女運動」
「中國共産黨建黨初期的婦女運動」
「北伐時期的婦女運動」
「中國近代重要人物的婦女敎育思想」
「淸末民初時期婦女觀的衍變及其特點」
「革命根據地的婦女運動」
「中國近代婦女參政運動」
「辛亥革命時期'家庭革命'論的提出」
『중국근대여성사』
『영화로 본 중국여성사』
외 다수

중국역사와 영화의 만남

• 초판 인쇄	2006년 2월 28일
• 초판 발행	2006년 2월 28일
• 지 은 이	윤미영
• 펴 낸 이	채종준
• 펴 낸 곳	한국학술정보㈜
	경기도 파주시 교하읍 문발리 526-2
	파주출판문화정보산업단지
	전화 031) 908-3181(대표) · 팩스 031) 908-3189
	홈페이지 http://www.kstudy.com
	e-mail(e-Book사업부) ebook@kstudy.com
• 등 록	제일산-115호(2000. 6. 19)
• 가 격	22,000원

ISBN 89-534-4764-X 93910 (Paper Book)
　　　 89-534-4765-8 98910 (e-Book)